Contraste insuffisant

STÉPHANE MALLARMÉ

PAGES

PAGES

Res. m. Z.

Tirage à 325 exemplaires

50 sur papier Japon impérial, numérotés de 1 à 50.
275 sur papier de Hollande Van Gelder, numérotés de 51 à 275.

———

Exemplaire N° 138

STÉPHANE MALLARMÉ

PAGES

Avec un frontispice à l'eau forte par Renoir

153.606

A Bruxelles, chez l'Editeur Edmond Deman

1891

Du même Auteur :

Poésies complètes, photogravées sur le manuscrit, avec ex-libris de Rops :
1er cahier, en 9 fascicules ; à la librairie de la Revue Indépendante
(prix 100 fr.) épuisé.

A part : *L'Après-midi d'un Faune*, édition originale, avec illustrations de
Manet (très rare.)

L'Après-midi d'un Faune, édition nouvelle définitive pour la
lecture et la scène, avec notes, indications, etc. (sous
presse).

Prochainement : *Vers*, avec *l'Après-midi d'un Faune* et *Hérodiade*.
Hérodiade, édition complète (à part).

TRADUCTION ET RÉIMPRESSION

Les Poèmes de Poe, avec illustrations de Manet, chez Edmond Deman,
libraire, à Bruxelles (prix 12 fr.)

Le Vathek de Beckford, copie de l'édition originale de 1787, avec préface,
chez Labitte (prix 20 fr.)

Le Ten O' Clock de M. Whistler, Traduction ; à la Librairie de la Revue
Indépendante (prix 2 fr.)

Villiers de l'Isle-Adam, Conférence ; à la librairie de l'Art Indépendant
(prix 5 fr.)

Album de vers et de prose (fascicule 10e de l'Anthologie des poëtes et
prosateurs contemporains, Bruxelles).

———

Les éditions ci-dessus désignées de ses œuvres, sont seules conformes à la
volonté de l'Auteur et faites par ses soins : elles se trouvent chez l'éditeur
du présent livre.

TABLE

Le Phénomène Futur

Un ciel pâle, sur le monde qui finit de décrépitude, va peut-être partir avec les nuages : les lambeaux de la pourpre usée des couchants déteignent dans une rivière dormant à l'horizon submergé de rayons et d'eau. Les arbres s'ennuient; et, sous leur feuillage blanchi (de la poussière du temps, plutôt que de celle des chemins), monte la maison en toile du Montreur de choses Passées : maint réverbère attend le crépuscule et ravive les visages d'une malheureuse foule, vaincue par la maladie immortelle et le péché des siècles, d'hommes près de leurs chétives complices enceintes des fruits misérables avec lesquels périra la terre. Dans le silence inquiet de tous les yeux suppliant là-bas le soleil qui, sous l'eau, s'enfonce avec le désespoir d'un cri, voici le simple boniment : « Nulle enseigne ne vous régale du spectacle intérieur, car il n'est pas maintenant un peintre capable d'en donner une ombre triste. J'apporte, vivante (et préservée à travers les ans par la science souveraine) une Femme d'autrefois. Quelque folie, originelle et naïve, une extase d'or, je ne sais quoi ! par elle nommé sa chevelure, se ploie avec la grâce des étoffes autour d'un visage qu'éclaire la nudité sanglante de ses lèvres. A la place du vêtement vain, elle a un corps ; et les yeux, semblablés aux pierres rares ! ne valent pas ce regard qui sort de sa chair heureuse ; des seins levés comme durs d'un lait éternel, la pointe vers le ciel, aux jambes lisses qui gardent le sel de la mer première. » Se rappelant leurs pauvres épouses, chauves, morbides et pleines d'horreur, les maris se pressent : elles aussi par curiosité, mélancoliques, veulent voir.

Quand tous auront contemplé la noble créature, vestige de quelque époque déjà maudite, les uns indifférents, car ils n'auront pas eu la force de comprendre, mais d'autres navrés et la paupière humide de larmes résignées, se regarderont; tandis que les poëtes de ces temps, sentant se rallumer des yeux éteints, s'achemineront vers leur lampe, le cerveau ivre un instant d'une gloire confuse, hantés du Rythme et dans l'oubli d'exister à une époque qui survit à la beauté.

Plainte d'Automne

Depuis que Maria m'a quitté pour aller dans une autre étoile — laquelle, Orion, Altaïr; est-ce toi verte Vénus? — j'ai toujours chéri la solitude. Que de longues journées j'ai passées seul avec mon chat. Par *seul*, j'entends sans un être matériel et mon chat est un compagnon mystique, un esprit. Je puis donc dire que j'ai passé de longues journées avec mon chat, et, seul, avec un des derniers auteurs de la décadence latine; car depuis que la blanche créature n'est plus, étrangement et singulièrement j'ai aimé tout ce qui se résumait en ce mot: chute. Ainsi, dans l'année, ma saison favorite, ce sont les derniers jours alanguis de l'été, qui précèdent

3

immédiatement l'automne, et dans la journée l'heure où je me promène est quand le soleil se repose avant de s'évanouir, avec des rayons de cuivre jaune sur les murs gris et de cuivre rouge sur les carreaux. De même la littérature à laquelle mon esprit demande une volupté triste sera la poésie agonisante des derniers moments de Rome, tant, cependant, qu'elle ne respire aucunement l'approche rajeunissante des barbares et ne bégaie point le latin enfantin des premières proses chrétiennes.

Je lisais donc un de ces chers poèmes (dont les plaques de fard ont plus de charme sur moi que l'incarnat de la jeunesse) et plongeais une main dans la fourrure du pur animal, quand un orgue de Barbarie chanta languissamment et mélancoliquement sous ma fenêtre. Il jouait dans la grande allée de peupliers dont les feuilles me paraissent jaunes même au printemps, depuis que Maria a passé là avec des cierges, une dernière fois. L'instrument des tristes, oui, vraiment : le piano scintille, le violon ouvre à l'âme déchirée la lumière, mais l'orgue de Barbarie, dans le crépuscule du souvenir, m'a fait désespérément rêver. Maintenant qu'il murmurait un air joyeusement vulgaire et qui mit la gaîté au cœur des faubourgs, un air suranné, banal : d'où vient que sa ritournelle m'allait au rêve et me faisait pleurer comme une ballade romantique? Je la savourai lentement et je ne lançai pas un sou par la fenêtre de peur de me déranger et de m'apercevoir que l'instrument ne chantait pas seul.

Frisson d'Hiver

Cette pendule de Saxe, qui retarde et sonne treize heures parmi ses fleurs et ses dieux, à qui a-t-elle été? Pense qu'elle est venue de Saxe par les longues diligences, autrefois.

(De singulières ombres pendent aux vitres usées.)

Et ta glace de Venise, profonde comme une froide fontaine, en un rivage de guivres dédorées, qui s'y est

miré? Ah ! je suis sûr que plus d'une femme a baigné
dans cette eau le péché de sa beauté ; et peut-être
verrais-je un fantôme nu si je regardais longtemps.

— Vilain, tu dis souvent de méchantes choses..

(Je vois des toiles d'araignées au haut des grandes
croisées.)

Notre bahut encore est très vieux : contemple comme
ce feu rougit son triste bois ; les rideaux amortis ont
son âge, et la tapisserie des fauteuils dénués de fard,
et les anciennes gravures des murs, et toutes nos vieil-
leries ? Est-ce qu'il ne te semble pas, même, que les
bengalis et l'oiseau bleu ont déteint avec le temps.

(Ne songe pas aux toiles d'araignées qui tremblent
au haut des grandes croisées.)

Tu aimes tout cela et voilà pourquoi je puis vivre auprès de toi. N'as-tu pas désiré, ma sœur au regard de jadis, qu'en un de mes poèmes apparussent ces mots : « la grâce des choses fanées »? Les objets neufs te déplaisent; à toi aussi, ils font peur avec leur hardiesse criarde, et tu te sentirais le besoin de les user, — ce qui est bien difficile à faire pour ceux qui ne goûtent pas l'action.

Viens, ferme ton vieil almanach allemand, que tu lis avec attention, bien qu'il ait paru il y a plus de cent ans et que les rois qu'il annonce soient tous morts, et, sur l'antique tapis couché, la tête appuyée parmi tes genoux charitables dans ta robe pâlie, ô calme enfant, je te parlerai pendant des heures; il n'y a plus de champs et les rues sont vides, je te parlerai de nos meubles.. Tu es distraite?

(Ces toiles d'araignées grelottent au haut des grandes croisées.)

Le Démon de l'Analogie

Avez-vous jamais eu des paroles inconnues chantant sur vos lèvres les lambeaux maudits d'une phrase absurde ?

Je sortis de mon appartement avec la sensation propre d'une aile glissant sur les cordes d'un instrument, traînante et légère, que remplaça une voix prononçant les mots sur un ton descendant : « La Pénultième est morte », de façon que

La Pénultième

finit le vers et

Est morte

se détacha de la suspension fatidique plus inutilement en le vide de signification. Je fis des pas dans la rue et reconnus en le son *nul* la corde tendue de l'instrument de musique, qui était oublié et que le glorieux Souvenir certainement venait de visiter de son aile ou d'une palme et, le doigt sur l'artifice du mystère, je souris et implorai de vœux intellectuels une spéculation différente. La phrase revint, virtuelle, dégagée d'une chute antérieure de plume ou de rameau, dorénavant à travers la voix entendue jusqu'à ce qu'enfin elle s'articula seule, vivant de sa personnalité. J'allais (ne me contentant plus d'une perception) la lisant en fin de vers et, une fois, comme un essai, l'adaptant à mon parler; bientôt la prononçant avec un silence après « Pénultième », dans lequel je trouvais une pénible jouissance: « La Pénultième — », puis la corde de l'instrument, si tendue en l'oubli sur le son *nul*, cassait sans doute, et j'ajoutais en manière d'oraison : « Est morte ». Je ne discontinuai pas de tenter un retour à des pensées de prédilection, alléguant, pour me calmer, que, certes, pénultième est le terme du lexique qui signifie l'avant-dernière syllabe des vocables, et son apparition, le reste mal abjuré d'un labeur de linguistique par lequel quotidiennement sanglote de s'interrompre ma noble faculté poétique : la sonorité même et l'air de mensonge assumé par la hâte de la facile affirmation étaient une cause de tourment. Harcelé, je résolus de laisser les mots de triste nature errer eux-mêmes sur ma bouche, et j'allai murmurant avec l'intonation susceptible de condoléance : « La Pénultième est morte, elle est morte, bien morte, la désespérée Pénultième », croyant par là satisfaire l'inquiétude, et non sans le secret espoir de l'ensevelir en l'amplification de la psalmodie quand, effroi ! — d'une magie aisément déductible et nerveuse — je sentis que j'avais, ma main réfléchie par un vitrage de boutique y faisant le geste d'une caresse qui descend sur quelque chose, la voix même (la première, qui indubitablement avait été l'unique).

Mais où s'installe l'irrécusable intervention du surnaturel, et le commencement de l'angoisse sous laquelle agonise mon esprit naguère seigneur, c'est quand je vis, levant les yeux, dans la rue des antiquaires instinctivement suivie, que j'étais devant la boutique d'un luthier vendeur de vieux instruments pendus au mur, et, à terre, des palmes jaunes et les ailes, enfouies en l'ombre, d'oiseaux anciens. Je m'enfuis, bizarre, personne condamnée à porter probablement le deuil de l'inexplicable Pénultième.

Pauvre Enfant Pâle.

Pauvre enfant pâle, pourquoi crier à tue-tête dans la rue ta chanson aiguë et insolente, qui se perd parmi les chats, seigneurs des toits? car elle ne traversera pas les volets des premiers étages, derrière lesquels tu ignores de lourds rideaux de soie incarnadine.

Cependant tu chantes fatalement, avec l'assurance tenace d'un petit homme qui s'en va seul par la vie et, ne comptant sur personne, travaille pour soi. As-tu jamais eu un père? Tu n'as pas même une vieille qui te fasse oublier la faim en te battant, quand tu rentres sans un sou.

Mais tu travailles pour toi : debout dans les rues, couvert de vêtements déteints faits comme ceux d'un homme, une maigreur prématurée et trop grand à ton âge, tu chantes pour manger, avec acharnement, sans abaisser tes yeux méchants vers les autres enfants jouant sur le pavé.

Et ta complainte est si haute, si haute, que ta tête nue qui se lève en l'air à mesure que ta voix monte, semble vouloir partir de tes petites épaules.

Petit homme, qui sait si elle ne s'en ira pas un jour, quand, après avoir crié longtemps dans les villes, tu auras fait un crime? un crime n'est pas bien difficile à faire, va, il suffit d'avoir du courage après le désir, et tels qui.. Ta petite figure est énergique.

Pas un sou ne descend dans le panier d'osier que tient ta longue main pendue sans espoir sur ton pantalon:

on te rendra mauvais et un jour tu commettras un
crime.

Ta tête se dresse toujours et veut te quitter,
comme si d'avance elle savait, pendant que tu chantes
d'un air qui devient menaçant.

Elle te dira adieu quand tu paieras pour moi, pour
ceux qui valent moins que moi. Tu vins probablement
au monde vers cela et tu jeûnes dès maintenant, nous
te verrons dans les journaux.

Oh! pauvre petite tête!

La Pipe

Hier, j'ai trouvé ma pipe en rêvant une longue soirée de travail, de beau travail d'hiver. Jetées les cigarettes avec toutes les joies enfantines de l'été dans le passé qu'illuminent les feuilles bleues de soleil, les mousselines et reprise ma grave pipe par un homme sérieux qui veut fumer longtemps sans se déranger, afin de mieux travailler : mais je ne m'attendais pas à la surprise que préparait cette délaissée, à peine eus-je tiré la première bouffée, j'oubliai mes grands livres à faire, émerveillé, attendri, je respirai l'hiver dernier qui revenait. Je n'avais pas touché à la fidèle amie depuis ma rentrée en France, et

tout Londres, Londres tel que je le vécus en entier
à moi seul, il y a un an, est apparu ; d'abord les
chers brouillards qui emmitoufflent nos cervelles et
ont, là-bas, une odeur à eux, quand ils pénètrent
sous la croisée. Mon tabac sentait une chambre sombre aux meubles de cuir saupoudrés par la poussière du charbon sur lesquels se roulait le maigre chat
noir ; les grands feux ! et la bonne aux bras rouges
versant les charbons, et le bruit de ces charbons tom-
bant du seau de tôle dans la corbeille de fer, le matin
— alors que le facteur frappait le double coup solennel,
qui me faisait vivre ! J'ai revu par la fenêtre ces arbres
malades du square désert — j'ai vu le large, si
souvent traversé cet hiver-là, grelottant sur le pont du
steamer mouillé de bruine et noirci de fumée — avec
ma pauvre bien aimée errante, en habits de voyageuse,
une longue robe terne couleur de la poussière des
routes, un manteau qui collait humide à ses épaules
froides, un de ces chapeaux de paille sans plume et
presque sans rubans, que les riches dames jettent en
arrivant, tant ils sont déchiquetés par l'air de la mer
et que les pauvres bien-aimées regarnissent pour bien
des saisons encore. Autour de son cou s'enroulait le
terrible mouchoir qu'on agite en se disant adieu pour
toujours.

Un Spectacle Interrompu

Que la civilisation est loin de procurer les jouis-
sances attribuables à cet état ! on doit par exemple
s'étonner qu'une association entre les rêveurs, y séjour-
nant, n'existe pas, dans toute grande ville, pour subvenir
à un journal qui remarque les événements sous le jour
propre au rêve. Artifice que la *réalité*, bon à fixer
l'intellect moyen entre les mirages d'un fait ; mais elle
repose par cela même sur quelque universelle entente :
voyons donc s'il n'est pas, dans l'idéal, un aspect nécessaire, évident, simple, qui serve de type. Je veux, en
vue de moi seul, écrire comme elle frappa mon regard
de poëte, telle ʿAnecdote, avant que la divulguent
des *reporters* par la foule dressés à assigner à chaque
chose son caractère commun.

Le petit théâtre des PRODIGALITÉS adjoint l'exhibition d'un vivant cousin d'Atta Troll ou de Martin à sa féerie classique *la Bête et le Génie*; j'avais, pour reconnaître l'invitation du billet double hier égaré chez moi, posé mon chapeau dans la stalle vacante à mes côtés, une absence d'ami y témoignant du goût général à esquiver ce naïf spectacle. Que se passait-il devant moi? rien, sauf que : de pâleurs évasives de mousseline se réfugiant sur vingt piédestaux en architecture de Bagdad, sortaient un sourire et des bras ouverts à la lourdeur triste de l'ours : tandis que le héros, de ces sylphides évocateur et leur gardien, un clown, dans sa haute nudité d'argent, raillait l'animal par notre supériorité. Jouir comme la foule du mythe inclus dans toute banalité, quel repos et, sans voisins où verser des réflexions, voir l'ordinaire et splendide veille trouvée à la rampe par ma recherche assoupie d'imaginations et de symboles. Etranger à mainte réminiscence de pareilles soirées, l'accident, le plus neuf! suscita mon attention : une des nombreuses salves d'applaudissements décernées selon l'enthousiasme à l'illustration sur la scène du privilège authentique de l'Homme, venait, brisée par quoi? de cesser net, avec un fixe fracas de gloire

à l'apogée, inhabile à se répandre. Tout oreilles, il
fallut être tout yeux. Au geste du pantin, une paume
crispée dans l'air ouvrant les cinq doigts, je compris,
qu'il avait, l'ingénieux! capté les sympathies par la
mine d'attraper au vol quelque chose, figure (et c'est
tout) de la facilité dont est par chacun prise une idée :
et qu'ému au léger vent, l'ours rythmiquement et
doucement levé interrogeait cet exploit, une griffe
posée sur les rubans de l'épaule humaine. Personne qui
ne haletât, tant cette situation portait de conséquences
graves pour l'honneur de la race : qu'allait-il arriver?
L'autre patte s'abattit, souple, contre un bras longeant
le maillot; et l'on vit, couple uni dans un secret
rapprochement, comme un homme inférieur, trapu,
bon, debout sur l'écartement de deux jambes de poil,
étreindre pour y apprendre les pratiques du génie, et
son crâne au noir museau ne l'atteignant qu'à la moitié,
le buste de son frère brillant et surnaturel : mais qui,
lui! exhaussait, la bouche folle de vague, un chef affreux
remuant par un fil visible dans l'horreur les dénégations
véritables d'une mouche de papier et d'or. Spectacle
clair, plus que les tréteaux vaste, avec ce don, propre
aux choses de l'art, de durer longtemps : pour le parfaire je laissai, sans que m'offusquât l'attitude probablement fatale prise par le mime dépositaire de notre

orgueil, jaillir tacitement le discours interdit au reje-
ton des sites arctiques : « Sois bon (c'était le sens),
et plutôt que de manquer à la charité, explique-
moi la vertu de cette atmosphère de splendeur, de
poussière et de voix, où tu m'appris à me mouvoir.
Ma requête, pressante, est juste, que tu ne sembles pas,
en une angoisse qui n'est que feinte, répondre ne
savoir ; élancé aux régions de la sagesse, aîné subtil! à
moi, pour te faire libre, vêtu encore du séjour informe
des cavernes où je replongeai, dans la nuit d'époques
humbles, ma force latente. Authentiquons, par cette
embrassade étroite, devant la multitude siégeant à cette
fin, le pacte de notre réconciliation ». L'absence d'aucun
souffle unie à l'espace, dans quel lieu absolu vivais-je,
un des drames de l'histoire astrale élisant, pour s'y
produire, ce modeste théâtre! La foule s'effaçait, toute,
en l'emblème de sa situation spirituelle magnifiant la
scène : dispensateur moderne de l'extase, seul, avec
l'impartialité d'une chose élémentaire, le gaz, dans les
hauteurs de la salle, continuait un bruit lumineux
d'attente.

Le charme se rompit : c'est quand un morceau de
chair, nu, brutal, traversa ma vision dirigé de l'inter-

valle des décors, en avance de quelques instants sur la récompense, mystérieuse d'ordinaire après ces représentations. Loque substituée saignant auprès de l'ours qui, ses instincts retrouvés antérieurement à une curiosité plus haute dont le dotait le rayonnement théâtral, retomba à quatre pattes et, comme emportant parmi soi le Silence, alla de la marche étouffée de l'espèce, flairer, pour y appliquer les dents, cette proie. Un soupir, exempt presque de déception, soulagea incompréhensiblement l'assemblée : dont les lorgnettes, par rangs, cherchèrent, allumant la netteté de leurs verres, le jeu du splendide imbécile évaporé dans sa peur ; mais virent un repas abject préféré peut-être par l'animal à la même chose qu'il lui eût fallu d'abord faire de *notre image*, pour y goûter. La toile, hésitant jusque là à accroître le danger ou l'émotion, abattit subitement son journal de tarifs et de lieux communs. Je me levai comme tout le monde, pour aller respirer au dehors, étonné de n'avoir pas senti, cette fois encore, le même genre d'impression que mes semblables, mais serein : car ma façon de voir, après tout, avait été supérieure, et même la vraie.

Réminiscence

Orphelin, j'errais en noir et l'œil vacant de fa-
mille ; au quinconce se déplièrent des tentes de fête,
éprouvai-je le futur et que je serais ainsi, j'aimais
le parfum des vagabonds, vers eux à oublier mes ca-
marades. Aucun cri de chœurs par la déchirure, ni
tirade loin, le drame requérant l'heure sainte des quin-
quets, je souhaitais de parler avec un môme trop vacil-
lant pour figurer parmi sa race, au bonnet de nuit taillé
comme le chaperon de Dante ; qui rentrait en soi, sous
l'aspect d'une tartine de fromage mou, déjà la neige des
cimes, le lys ou autre blancheur constitutive d'ailes au
dedans : je l'eusse prié de m'admettre à son repas

supérieur, partagé vite avec quelque aîné fameux jailli contre une proche toile en train des tours de force et banalités alliables au jour. Nu, de pirouetter dans sa prestesse de maillot à mon avis surprenante, lui, qui d'ailleurs commença : « Tes parents ? » — « Je n'en ai pas. » — « Allons, si tu savais comme c'est farce, un père.. même l'autre semaine que bouda la soupe, il faisait des grimaces aussi belles, quand le maître lançait les claques et les coups de pied. Mon cher ! » et de triompher en élevant à moi la jambe avec aisance glorieuse, « il nous épate, papa, » puis de mordre au régal chaste du très jeune : « Ta maman, tu n'en as pas, peut-être, que tu es seul ? la mienne mange de la filasse et le monde bat des mains. Tu ne sais rien, des parents sont des gens drôles, qui font rire. » La parade s'exaltait, il partit : moi, je soupirai, déçu tout à coup de n'avoir pas de parents.

La Déclaration Foraine

Le Silence! il est certain qu'à mon côté, ainsi que songes, étendue dans un bercement de promenade sous les roues assoupissant l'interjection de fleurs, toute femme, et j'en sais une qui voit clair ici, m'exempte de l'effort à proférer un vocable : la complimenter haut de quelque interrogatrice toilette, offre de soi presque à l'homme en faveur de qui s'achève l'après-midi, ne pouvant à l'encontre de tout ce rapprochement fortuit, que suggérer la distance sur ses traits aboutie à une fossette de spirituel sourire. Ainsi ne consent la réalité; car ce fut impitoyablement, hors du rayon qu'on sentait avec luxe expirer aux vernis du landau, comme une

8

vocifération, parmi trop de tacite félicité pour une tombée de jour sur la banlieue, avec orage, dans tous sens à la fois et sans motif, du rire strident ordinaire des choses et de leur cuivrerie triomphale : au fait, la cacophonie à l'ouïe de quiconque, un instant écarté, plutôt qu'il ne s'y fond, auprès de son idée, reste à vif devant la hantise de l'existence.

« La fête de.. » et je ne sais quel rendez-vous suburbain! nomma l'enfant voiturée dans mes distractions, la voix claire d'aucun ennui; j'obéis et fis arrêter.

Sans compensation à cette secousse qu'un besoin d'explication figurative plausible pour mes esprits, comme symétriquement s'ordonnent des verres d'illumination peu à peu éclairés en guirlandes et attributs, je décidai, la solitude manquée, de m'enfoncer même avec bravoure en ce déchaînement exprès et haïssable de tout ce que j'avais naguères fui dans une gracieuse compagnie : prête et ne témoignant de surprise à la modification dans notre programme, du bras ingénu

elle s'en repose sur moi, tandis que nous allons parcourir,
les yeux sur l'enfilade, l'allée d'ahurissement qui divise
en écho du même tapage les foires et permet à la foule
d'y renfermer pour un temps l'univers. Subséquemment
aux assauts d'un médiocre dévergondage en vue de quoi
que ce soit qui détourne notre stagnation amusée par le
crépuscule, au fond, bizarre et pourpre, nous retint à
l'égal de la nue incendiaire un humain spectacle,
poignant : reniée du châssis peinturluré ou de l'inscription en capitales une baraque, apparemment vide.

A qui ce matelas décousu pour improviser ici,
comme les voiles dans tous les temps et les temples,
l'arcane ! appartînt, sa fréquentation durant le jeûne
n'avait pas chez son possesseur excité avant qu'il le
déroulât comme le gonfalon d'espoirs en liesse, l'hallu-
cination d'une merveille à montrer (que l'inanité de son
famélique cauchemar); et pourtant, mû par le caractère
frérial d'exception à la misère quotidienne qu'un pré,
quand l'institue le mot mystérieux de fête, tient des
souliers nombreux y piétinant (en raison de cela poind
aux profondeurs des vêtements quelque unique vel-
léité du dur sou à sortir à seule fin de se dépenser),

lui aussi! n'importe qui de tout dénué sauf de la notion
qu'il y avait lieu pour être un des élus, sinon de vendre,
de faire voir, mais quoi, avait cédé à la convocation
du bienfaisant rendez-vous. Ou, très prosaïquement,
peut-être le rat éduqué à moins que, lui-même, ce
mendiant sur l'athlétique vigueur de ses muscles
comptât, pour décider l'engouement populaire, faisait
défaut, à l'instant précis, comme cela résulte souvent de
la mise en demeure de l'homme par les circonstances
générales.

« Battez la caisse! » proposa en altesse Madame..
seule tu sais Qui, marquant un suranné tambour
duquel se levait les bras décroisés afin de signifier
inutile l'approche de son théâtre sans prestige un vieillard,
que cette camaraderie avec un instrument de rumeur
et d'appel peut-être séduisit à son vacant dessein;
puis, comme si de ce que tout de suite on pût ici
envisager de plus beau, l'énigme, par un bijou fermant
la mondaine, en tant qu'à sa gorge le manque de
réponse, scintillait! la voici engouffrée, à ma surprise
de pitre coi devant une halte du public qu'empaume
l'éveil des ra et des fla assourdissant mon invariable et

obscur pour moi-même d'abord « Entrez, tout le monde,
ce n'est qu'un sou, on le rend à qui n'est pas satisfait
de la représentation. » Le nimbe en paillasson dans le
remerciement joignant deux paumes séniles vidé, j'en
agitai les couleurs, en signal, de loin, et me coiffai,
prêt à fendre la masse debout en le secret de ce qu'avait
su faire avec ce lieu sans rêve l'initiative d'une contemporaine de nos soirs.

A hauteur du genou, elle émergeait, sur une table,
des cent têtes.

Net ainsi qu'un jet égaré d'autre part la dardait
électriquement, éclate pour moi ce calcul qu'à défaut
de tout, elle, selon que la mode, une fantaisie ou
l'humeur du ciel circonstanciaient sa beauté, sans
supplément de danse ou de chant, pour la cohue
amplement payait l'aumône exigée en faveur d'un
quelconque; et du même trait je comprends mon devoir
en le péril de la subtile exhibition, ou qu'il n'y avait au
monde pour conjurer la défection dans les curiosités
que de recourir à quelque puissance absolue, comme
d'une Métaphore. Vite, dégoiser jusqu'à éclaircissement,

sur maintes physionomies, de leur sécurité qui, ne saisissant tout du coup, se rend à l'évidence, même ardue, impliquée en la parole et consent à échanger son billon contre des présomptions exactes et supérieures, bref, la certitude pour chacun de n'être pas refait.

Un coup d'œil, le dernier, à une chevelure où fume puis éclaire de fastes de jardins le pâlissement du chapeau en crêpe de même ton que la statuaire robe se relevant, avance au spectateur, sur un pied comme le reste hortensia.

Alors :

La chevelure vol d'une flamme à l'extrême
Occident de désirs pour la tout déployer
Se pose (je dirais mourir un diadème)
Vers le front couronné son ancien foyer

Mais sans or soupirer que cette vive nue
L'ignition du feu toujours intérieur
Originellement la seule continue
Dans le joyau de l'œil véridique ou rieur

Une nudité de héros tendre diffame
Celle qui ne mouvant astre ni feux au doigt
Rien qu'à simplifier avec gloire la femme,
Accomplit par son chef fulgurante l'exploit,

De semer de rubis le doute qu'elle écorche
Ainsi qu'une joyeuse et tutélaire torche

Mon aide à la taille de la vivante allégorie qui déjà résignait sa faction, peut-être faute, chez moi de faconde ultérieure, afin d'en assoupir l'élan gentiment à terre : « Je vous ferai observer, ajoutai-je, maintenant de plein pied avec l'entendement des visiteurs, coupant court à leur ébahissement devant ce congé par une affectation de retour à l'authenticité du spectacle « Messieurs ét Dames, que la personne qui a eu l'honneur de se soumettre à votre jugement, ne requiert pour vous communiquer le sens de son charme, un costume ou aucun accessoire usuel de théâtre. Ce naturel s'accommode de l'allusion parfaite que fournit la toilette toujours à l'un des motifs primordiaux de la femme, et suffit, ainsi que votre sympathique approbation, m'en convainc. » Un suspens de marque appréciative sauf quelques confondants « Bien sûr ! » ou « C'est cela ! » et « Oui » par les gosiers comme plusieurs bravos prêtés par des paires de mains généreuses, conduisit jusqu'à la sortie sur une vacance d'arbres et de nuit la foule où nous allions nous mêler, n'était l'attente en gants blanc encore d'un enfantin tourlourou qui les rêvait dégourdir à l'estimation d'une jarretière hautaine.

—. « Merci » consentit la chère, une bouffée droit à elle d'une constellation ou des feuilles bue comme pour y trouver sinon le rassérènement, elle n'avait douté d'un succès, du moins l'habitude frigide de sa voix « j'ai dans l'esprit le souvenir de choses qui ne s'oublient. »

— « Oh ! rien que lieu commun d'une esthétique... »

— « Que vous n'auriez peut-être pas introduit, qui sait? mon ami, le prétexte de formuler ainsi devant moi au conjoint isolement par exemple de notre voiture — où est-elle — regagnons-là : — mais ceci jaillit, forcé, sous le coup de poing brutal à l'estomac, que cause une impatience de gens auxquels coûte que coûte et soudain il faut proclamer quelque chose fût-ce la rêverie.. »

— « Qui s'ignore et se lance nue de peur, en travers du public; c'est vrai. Comme vous, Madame, ne l'auriez entendu si irréfutablement, malgré sa réduplication sur une rime du trait final, mon boniment d'après un mode primitif du sonnet*, je le gage, si chaque terme ne s'en était répercuté jusqu'à vous par de variés tympans, pour charmer un esprit ouvert à la compréhension multiple. »

— « Peut-être! » accepta notre pensée dans un enjouement de souffle nocturne la même.

* Usité à la Renaissance anglaise

Le Nénufar Blanc

J'avais beaucoup ramé, d'un grand geste net et assoupi, les yeux au dedans fixés sur l'entier oubli d'aller, comme le rire de l'heure coulait alentour. Tant d'immobilité paressait que frôlé d'un bruit inerte où fila jusqu'à moitié la yole, je ne vérifiai l'arrêt qu'à l'étincellement stable d'initiales sur les avirons mis à nu, ce qui me rappela à mon identité mondaine.

Qu'arrivait-il, où étais-je ?

Il fallut, pour voir clair en l'aventure, me remémorer mon départ tôt, ce Juillet de flamme, sur l'intervalle vif entre ses végétations dormantes d'un toujours étroit

et distrait ruisseau, en quête des floraisons d'eau et avec
un dessein de reconnaître l'emplacement occupé par la
propriété de l'amie d'une amie, à qui je devais improviser
un bonjour. Sans que le ruban d'aucune herbe me retînt
devant un paysage plus que l'autre, chassé avec son reflet
en l'onde par le même impartial coup de rame, je venais
échouer dans quelque touffe de roseaux, terme mystérieux
de ma course, au milieu de la rivière : où tout de suite
élargie en fluvial bosquet, elle étale un nonchaloir
d'étang plissé des hésitations à partir qu'a une source.

L'inspection détaillée m'apprit que cet obstacle de
verdure en pointe sur le courant, masquait l'arche unique
d'un pont prolongé, à terre, d'ici et de là, par une haie
clôturant des pelouses. Je me rendis compte. Simplement
le parc de Madame.., l'inconnue à saluer.

Un joli voisinage, pendant la saison, la nature
d'une personne qui s'est choisi retraite aussi humidement
impénétrable ne pouvant être que conforme à mon goût.
Sûr, elle avait fait de ce cristal son miroir intérieur, à

l'abri de l'indiscrétion éclatante des après-midis; elle y venait et la buée d'argent glaçant des saules ne fut bientôt que la limpidité de son regard habitué à chaque feuille.

Toute je l'évoquais lustrale.

Courbé dans la sportive attitude où me maintenait de la curiosité, comme sous le silence spacieux de ce que s'annonçait l'étrangère, je souris au commencement d'esclavage dégagé par une possibilité féminine : que ne signifiaient pas mal les courroies attachant le soulier du rameur au bois de l'embarcation, comme on ne fait qu'un avec l'instrument de ses sortilèges.

— « Aussi bien une quelconque.. » allais-je terminer.

Quand un imperceptible bruit, me fit douter si l'habitante du bord hantait mon loisir, ou inespérément le bassin.

Le pas cessa, pourquoi ?

Subtil secret des pieds qui vont, viennent, condui-
sent l'esprit où le veut la chère ombre enfouie en de la
batiste et les dentelles d'une jupe affluant sur le sol
comme pour circonvenir du talon à l'orteil, dans une
flottaison, cette initiative par quoi la marche s'ouvre,
tout au bas et les plis rejetés en traîne, une échappée,
de sa double flèche savante.

Connaît-elle un motif à sa station, elle-même la
promeneuse : et n'est-ce, moi, tendre trop haut la tête,
pour ces joncs à ne dépasser et toute la mentale
somnolence où se voile ma lucidité, que d'interroger
jusque-là le mystère !

— « A quel type s'ajustent vos traits, je sens leur
précision, Madame, interrompre chose installée ici par

le bruissement d'une venue, oui! ce charme instinctif
d'en dessous que ne défend pas contre l'explorateur la
plus authentiquement nouée, avec une boucle en diamant,
des ceintures. Si vague concept se suffit; et ne transgresse
point le délice empreint de généralité qui permet et
ordonne d'exclure tous visages, au point que la
révélation d'un (n'allez point le pencher, avéré, sur le
furtif seuil où je règne) chasserait mon trouble, avec
lequel il n'a que faire. »

Ma présentation, en cette tenue de maraudeur
aquatique, je la peux tenter, avec l'excuse du hasard.

Séparés, on est ensemble : je m'immisce à de sa
confuse intimité, dans ce suspens sur l'eau où mon songe
attarde l'indécise, mieux que visite, suivie d'autres, ne
l'autorisera. Que de discours oiseux en comparaison de
celui que je tins pour n'être pas entendu, faudra-t-il,
avant de retrouver aussi intuitif accord que maintenant,
l'ouïe au ras de l'acajou vers le sable entier qui s'est tu !

10

La pause se mesure au temps de sa détermination.

Conseille, ô mon rêve, que faire.

Résumer d'un regard la vierge absence éparse en
cette solitude et, comme on cueille, en mémoire d'un
site, l'un de ces magiques nénufars clos qui y surgissent,
tout à coup, enveloppant de leur creuse blancheur un
rien, fait de songes intacts, du bonheur qui n'aura pas
lieu et de mon souffle ici retenu, dans la peur d'une
apparition, partir avec : tacitement, en déramant peu à
peu, sans du heurt briser l'illusion ni que le clapotis de
la bulle visible d'écume enroulée à ma fuite ne jette aux
pieds survenus de personne la ressemblance transparente
du rapt de mon idéale fleur.

Si, attirée par un sentiment d'insolite, elle a paru,
la Méditative ou la Hautaine, la Farouche, la Gaie,

tant pis pour cette indicible mine que j'ignore à jamais !
car j'accomplis selon les règles la manœuvre : me
dégageai, virai et je contournais déjà une ondulation
du ruisseau, emportant comme un noble œuf de cygne,
tel que n'en jaillira le vol, mon imaginaire trophée, qui
ne se gonfle d'autre chose sinon de la vacance exquise
de soi qu'aime, l'été, à poursuivre, dans les allées de
son parc, toute dame, arrêtée parfois et longtemps,
comme au bord d'une source à franchir ou de quelque
pièce d'eau.

La Gloire

« La Gloire! je ne la sus qu'hier, irréfragable, et rien ne m'intéressera d'appelé par quelqu'un ainsi.

» Cent affiches s'assimilant l'or incompris des jours, trahison de la lettre, ont fui, comme à tous confins de la ville, mes yeux au ras de l'horizon par un départ sur le rail traînés avant de se recueillir dans l'abstruse fierté que donne une approche de forêt en son temps d'apothéose.

« Si discord parmi l'exaltation de l'heure, un cri
faussa ce nom connu pour déployer la continuité de
cimes tard évanouies, Fontainebleau, que je pensai, la
glace du compartiment violentée, du poing aussi étreindre à la gorge l'interrupteur : Tais-toi ! Ne divulgue
pas du fait d'un aboi indifférent l'ombre ici insinuée
dans mon esprit, aux portières de wagons battant sous
un vent inspiré et égalitaire, les touristes omniprésents
vomis. Une quiétude menteuse de riches bois suspend
alentour quelque extraordinaire état d'illusion, que me
réponds-tu? qu'ils ont, ces voyageurs, pour ta gare
aujourd'hui quitté la capitale, bon employé vociférateur
par devoir et dont je n'attends, loin d'accaparer une
ivresse à tous départie par les libéralités conjointes de
la Nature et de l'Etat, rien qu'un silence prolongé le
temps de m'isoler de la délégation urbaine vers l'extatique torpeur de ces feuillages là-bas trop immobilisés
pour qu'une crise ne les éparpille bientôt dans l'air ;
voici, sans attenter à ton intégrité, tiens, une monnaie.

» Un uniforme inattentif m'invitant vers quelque barrière, je remets sans dire mot, au lieu du suborneur métal, mon billet.

» Obéi pourtant, oui, à ne voir que l'asphalte s'étaler nette de pas, car je ne peux encore imaginer qu'en ce pompeux octobre exceptionnel! du million d'existences étageant leur vacuité en tant qu'une monotonie énorme de capitale dont va s'effacer ici la hantise avec le coup de sifflet sous la brume, aucun furtivement évadé que moi n'ait senti qu'il est, cet an, d'amers et lumineux sanglots, mainte indécise flottaison d'idée désertant les hasards comme des branches, tel frisson et ce qui fait penser à un automne sous les cieux.

» Personne et, les bras de doute envolés comme qui porte aussi un lot d'une splendeur secrète, trop inappréciable trophée pour paraître ! mais sans du coup m'élancer dans cette diurne veillée d'immortels troncs au

déversement sur un d'orgueils surhumains (or ne faut-il
pas qu'on en constate l'authenticité?) ni passer le seuil
où des torches consument, dans une haute garde, tous
rêves antérieurs à leur éclat répercutant en pourpre dans
la nue l'universel sacre de l'intrus royal qui n'aura eu
qu'à venir : j'attendis, pour l'être, que lent et repris du
mouvement ordinaire, se réduisît à ses proportions
d'une chimère puérile emportant du monde quelque
part, le train qui m'avait là déposé seul. »

L'Ecclésiastique

Les printemps poussent l'organisme à des actes qui, dans une autre saison, lui sont inconnus et maint traité d'histoire naturelle abonde en descriptions de ce phénomène, chez les animaux. Qu'il serait d'un intérêt plus plausible de recueillir certaines des altérations qu'apporte l'instant climatérique dans les allures d'individus faits pour la spiritualité! Mal quitté par l'ironie de l'hiver, j'en retiens, quand à moi, un état équivoque tant que ne s'y substitue pas un naturalisme absolu ou naïf, capable de poursuivre une jouissance dans la différentiation de plusieurs brins d'herbes. Rien dans le cas actuel n'apportant de profit à la foule, j'échappe, pour le méditer, sous quelques ombrages environnant d'hier la ville : or c'est de leur mystère presque banal que j'exhiberai un exemple saisissable et frappant des inspirations printanières.

Vive fut tout-à-l'heure, dans un endroit peu fréquenté du Bois-de-Boulogne, ma surprise quand, sombre agitation basse, je vis, par les mille interstices d'arbustes bons à ne rien cacher, total et des battements supérieurs du tricorne s'animant jusqu'à des souliers affermis par des boucles en argent, un ecclésiastique, qui à l'écart de témoins, répondait aux sollicitations du gazon. A moi ne plût (et rien de pareil ne sert les desseins providentiels) que, coupable à l'égal d'un faux scandalisé se saisissant d'un caillou du chemin, j'amenasse par mon sourire même d'intelligence, une rougeur sur le visage à deux mains voilé de ce pauvre homme, autre que celle sans doute trouvée dans son solitaire exercice ! Le pied vif, il me fallut, pour ne produire par ma présence de distraction, user d'adresse ; et fort contre la tentation d'un regard porté en arrière, me figurer en esprit l'apparition quasi diabolique qui

continuait à froisser le renouveau de ses côtes, à droite,
à gauche et du ventre, en obtenant une chaste frénésie.
Tout, se frictionner ou jeter les membres, se rouler,
glisser, aboutissait à une satisfaction : et s'arrêter,
interdit du chatouillement de quelque haute tige de
fleur à de noirs mollets, parmi cette robe spéciale portée
avec l'apparence qu'on est pour soi tout même sa femme.
Solitude, froid silence épars dans la verdure, perçus
par des sens moins subtils qu'inquiets, vous connûtes
les claquements furibonds d'une étoffe ; comme si la
nuit absconse en ses plis en sortait enfin secouée ! et
les heurts sourds contre la terre du squelette rajeuni ;
mais l'énergumène n'avait point à vous contempler.
Hilare, c'était assez de chercher en soi la cause d'un
plaisir ou peut-être d'un devoir, qu'expliquait mal un
retour, devant une pelouse, aux gambades du séminaire.
L'influence du souffle vernal doucement dilatant les
immuables textes inscrits en sa chair, lui aussi, enhardi
de ce trouble agréable à sa stérile pensée, était venu
reconnaître par un contact avec la Nature, immédiat,
net, violent, positif, dénué de toute curiosité intellectuelle,
le bien être général ; et candidement, loin des obédiences
et de la contrainte de son occupation, des canons, des
interdits, des censures, il se roulait, dans la béatitude
de sa simplicité native, plus heureux qu'un âne. Que

le but de sa promenade atteint, se soit, droit et d'un
jet, relevé non sans secouer les pistils et essuyer les
sucs attachés à sa personne, le héros de ma vision, pour
rentrer, inaperçu, dans la foule et les habitudes de son
ministère, je ne songe à rien nier ; mais j'ai le droit de
ne point considérer cela. Ma discrétion vis-à-vis d'ébats
d'abord apparus n'a-t-elle pas pour récompense d'en
fixer à jamais comme une rêverie de passant se plût à
la compléter, l'image marquée d'un sceau mystérieux
de modernité, à la fois baroque et belle ?

Morceau

POUR RÉSUMER VATHEK

Qui n'a regretté le manquement à une visée sublime de l'écrit en prose le plus riche et le plus agréable, travesti naguère comme par nous métamorphosé? Voile mis, pour les mieux faire apparaître, sur des abstractions politiques ou morales que les mousselines de l'Inde au XVIIIme siècle, quand régna le CONTE ORIENTAL ; et, maintenant, selon la science, un tel genre suscite de la cendre authentique de l'histoire les cités avec les hommes, éternisé par le *Roman de la Momie* et *Salammbo*. Sauf en la *Tentation de saint Antoine,* un idéal mêlant époques et races dans une prodigieuse fête, comme l'éclair de l'Orient expiré, cherchez ! sur des bouquins

hors de mode; aux feuillets desquels ne demeure de
toute synthèse qu'effacement et anachronisme, flotte la
nuée de parfums qui n'a pas tonné. La cause : mainte
dissertation et au bout je crains le hasard. Peut-être
qu'un songe serein et par notre fantaisie fait en vue de
soi seule, atteint aux poèmes : leur rythme le trans-
portera au delà des jardins, des royaumes, des salles;
là où l'aile de péris et de djinns fondue en le climat ne
laisse de tout évanouissement voir que pureté éparse et
diamant, comme les étoiles à midi.

Un livre qui en plus d'un cas, son ironie d'abord
peu dissimulée, tient à l'ancien ton et, par le sentiment
et le spectacle vrais au roman évocatoire moderne, m'a
quelquefois contenté : en tant que bien la transition ou
comme produit original. Le manque de maint effort
vers le type tout à l'heure entrevu ne m'obsède pas à la
lecture de ces cent et quelques pages; dont plus d'une,
outre la préoccupation double de parler avec esprit et
sur tout à bon escient, révèle chez qui l'écrivit un besoin
de satisfaire l'imagination d'objets rares ou grandioses.
Le millésime, tantôt séculaire, placé sous le titre reste
à ce compte, pour l'érudit, une date; mais je voudrais
auparavant séduire le rêveur.

L'histoire du Calife Vathek commence au faîte
d'une tour d'où se lit le firmament, pour finir bas dans
un souterain enchanté; tout le laps de tableaux graves
ou riants et de prodiges séparant ces extrêmes. Architecture magistrale de la fable et son concept non moins
beau ! Quelque chose de fatal ou comme d'inhérent à
une loi hâte du pouvoir aux enfers la descente faite par
un prince, accompagné de son royaume; seul, au bord
du précipice : il a voulu nier la religion d'Etat à laquelle
se lasse l'omnipotence d'être conjointe du fait de l'universelle génuflexion, pour des pratiques de magie,
alliées au désir insatiable. L'aventure des antiques
dominations tient dans ce drame, où agissent trois
personnages qui sont une mère perverse et chaste, proie
d'ambitions et de rites, et une nubile amante; en sa
singularité seul digne de s'opposer au despote, hélas !
un languide, précoce mari, lié par de joueuses fiançailles. Ainsi répartie et entre de délicieux nains dévots,
des goules puis d'autres figurants qu'elle accorde avec
le décor mystique ou terrestre, de la fiction sort un
appareil insolite : oui, les moyens méconnus autrefois
de l'art de peindre, tels qu'accumulation d'étrangetés
produite simplement pour leur caractère unique ou de

laideur, une bouffonnerie irrésistible et ample, montant en un crescendo quasi lyrique, la silhouette des passions ou de cérémonials et que n'ajouter pas? A peine si la crainte de s'attarder à de ces détails, y perdant de vue le dessin de tel grand songe surgi à la pensée du narrateur, le fait par trop abréger; il donne une allure cursive à ce que le développement eût arcusé. Tant de nouveauté et la *couleur locale,* sur quoi se jette au passage le moderne goût pour faire comme, avec, une orgie, seraient peu, en raison de la grandeur des visions ouvertes par le sujet; où cent impressions, plus captivantes même que des procédés, se dévoilent à leur tour. Les isoler par formules distinctes et brèves, le faut-il? et j'ai peur de ne rien dire en énonçant *la tristesse de perspectives monumentales très-vastes,* jointe *au mal d'un destin supérieur ;* enfin *l'effroi* causé par *des arcanes* et *le vertige* par *l'exagération orientale des nombres ; le remords* qui s'installe *de crimes vagues ou inconnus; les langueurs virginales de l'innocence et de la prière; le blasphème, la méchanceté, la foule* (*).. Une poésie (que l'origine n'en soit ailleurs ni l'habitude chez nous) bien inoubliablement liée au livre apparaît dans quelque étrange juxtaposition d'innocence quasi idyllique avec

(*) Citations.

les solennités énormes ou vaines de la magie : alors se
teint et s'avive, comme des vibrations noires d'un astre,
la fraîcheur de scènes naturelles, jusqu'au malaise ;
mais non sans rendre à cette approche du rêve quelque
chose de plus simple et de plus extraordinaire.

Divagation

Un désir indéniable à mon temps est de séparer comme en vue d'attributions différentes le double état de la parole, brut ou immédiat ici, là essentiel.

Narrer, enseigner, même décrire, cela va et encore qu'à chacun suffirait peut-être, pour échanger la pensée humaine, de prendre ou de mettre dans la main d'autrui en silence une pièce de monnaie, l'emploi élémentaire du discours dessert l'universel *reportage* dont, la Littérature exceptée, participe tout entre les genres d'écrits contemporains.

A quoi bon la merveille de transposer un fait de
nature en sa presque disparition vibratoire selon le jeu
de la parole, cependant, si ce n'est pour qu'en émane,
sans la gêne d'un proche ou concret rappel, la notion
pure?

Je dis : une fleur! et, hors de l'oubli où ma voix
relègue aucun contour, en tant que quelque chose d'autre
que les calices sus, musicalement se lève, idée même et
suave, l'absente de tous bouquets.

Au contraire d'une fonction de numéraire facile et
représentatif, comme le traite d'abord la foule, le Dire,
avant tout, rêve et chant, retrouve chez le poëte, par
nécessité constitutive d'un art consacré aux fictions, sa
virtualité.

Le vers qui de plusieurs vocables refait un mot
total, neuf, étranger à la langue et comme incantatoire,
achève cet isolement de la parole : niant, d'un trait

souverain, le hasard demeuré aux termes malgré l'artifice de leur retrempe alternée en le sens et la sonorité,
et vous cause cette surprise de n'avoir ouï jamais tel
fragment ordinaire d'élocution, en même temps que la
reminiscence de l'objet nommé baigne dans une neuve
atmosphère.

Crayonné au Théâtre

I

HAMLET

Loin de tout et du temps où se cherchent dans le trouble nos cités, la Nature, en automne, prépare son Théâtre, sublime et pur, attendant pour éclairer, dans la solitude, de significatifs prestiges, que l'unique œil lucide qui en puisse pénétrer le sens (ainsi notoire le destin de l'homme), un Poëte, soit rappelé à des plaisirs et à des soucis médiocres.

Me voici, renfermant l'amertume d'une rêverie interrompue, de retour et prêt à noter, en vue de moi-même et de quelques-uns aussi, nos impressions issues

de banals Soirs que le plus seul des isolés ne peut, comme
il vêt l'habit séant à tous, omettre de considérer : pour
l'entretien d'un malaise et, connaissant, en raison de
certaines lois non satisfaites, que ce n'est plus ou pas
encore l'heure de choses, même sociales, extraordinaires.

.　.　.　.　.　.　.　.　.　.　.　.　.　.

Et cependant, enfant sevré de gloire,
Tu sens courir par la nuit dérisoire,
Sur ton front pâle aussi blanc que du lait,
Le vent qui fait voler ta plume noire
Et te caresse, Hamlet, ô jeune Hamlet!

(THÉODORE DE BANVILLE)

L'adolescent évanoui de nous aux commencements
de la vie et qui hantera les esprits hauts ou pensifs par
le deuil qu'il se plaît à porter, je le reconnais, qui se
débat sous le mal d'apparaître : parce qu'Hamlet
extériorise, sur des planches, ce personnage unique
d'une tragédie intime et occulte, son nom même affiché
exerce sur moi, sur toi qui le lis, une fascination, parente

de l'angoisse. Je sais gré aux hasards qui, contemplateur
dérangé de la vision imaginative du théâtre de nuées et
de la vérité pour en revenir à quelque scène humaine,
me présentent, comme thème initial de causerie, la
pièce que je crois celle par excellence; tandis qu'il y
avait lieu d'offusquer aisément des regards trop vite
déshabitués de l'horizon pourpre, violet, rose et
toujours or. Le commerce de cieux où je m'identifiai
cesse, sans qu'une incarnation brutale contemporaine
occupe, sur leur paravent de gloire, ma place tôt
renoncée (adieu les splendeurs d'un holocauste d'année
élargi à tous les temps pour que ne s'en juxtapose à
personne le sacre vain,) mais survient *le seigneur
latent qui ne peut devenir,* juvénile ombre de tous, ainsi
tenant du mythe. Son solitaire drame! et qui, parfois,
tant ce promeneur d'un labyrinthe de trouble et de griefs
en prolonge les circuits avec le suspens d'un acte
inachevé, semble le spectacle même pourquoi existent
la rampe ainsi que l'espace doré quasi moral qu'elle
défend, car il n'est point d'autre sujet, sachez bien:
l'antagonisme de rêve chez l'homme avec les fatalités
à son existence départies par le malheur.

Toute la curiosité, il est vrai, dans le cas d'aujour-
d'hui, porte sur l'interprétation, mais en parler, impos-
sible sans la confronter au concept.

L'acteur mène ce discours (*).

A lui seul, par divination, maîtrise incomparable
des moyens et aussi une foi de lettré en la toujours
certaine et mystérieuse beauté du rôle, il a su conjurer
je ne sais quel maléfice comme insinué dans l'air de cette
imposante représentation. Non, je ne blâme rien à la
plantation du magnifique site ni au port somptueux de
costumes, encore que selon la manie érudite d'à-présent,
cela date, trop *à coup sûr*; et que le choix exact de
l'époque Renaissance spirituellement embrumée d'un
rien de fourrures septentrionales, ôte du recul légendaire
primitif, changeant par exemple les personnages en
contemporains du dramaturge : Hamlet, lui, évite ce
tort, dans sa traditionnelle presque nudité sombre un
peu à la Goya. L'œuvre de Shakespeare est si bien
façonnée selon le seul théâtre de notre esprit, prototype
du reste, qu'elle s'accommode de la mise en scène

(*) ou M Mounet-Sully (octobre 1886)

de maintenant, ou s'en passe, avec indifférence. Autre chose me déconcerte que de tels menus détails infiniment malaisés à régler et discutables : un mode d'intelligence particulier au lieu parisien même où s'installe Elseneur et, comme dirait la langue philosophique, *l'erreur du Théâtre-Français*. Ce fléau est impersonnel et la troupe d'élite acclamée, dans la circonstance, multiplia son minutieux zèle : jouer Shakespeare, ils le veulent bien, et ils veulent le bien jouer, certes. A quoi le talent ne suffit pas, mais le cède devant certaines habitudes invétérées de comprendre. Voici Horatio, non que je le vise, avec quelque chose de classique et d'après Molière dans l'allure : mais Laertes, ici j'étreins mon sujet, joue au premier plan et pour son compte comme si voyages, double deuil pitoyable, étaient d'intérêt spécial. Les plus belles qualités (au complet), qu'importe dans une histoire éteignant tout ce qui n'est un imaginaire héros, à demi mêlé à de l'abstraction; et c'est trouer de sa réalité, ainsi qu'une vaporeuse toile, l'ambiance, que dégage l'emblématique Hamlet. Comparses, il le faut! car dans l'idéale peinture de la scène tout se meut *selon une réciprocité symbolique des types entre eux ou relativement à une figure seule*. Magistral, un, infuse l'intensité de sa verve franche à Polonius en une sénile sottise empressée d'intendant de quelque

jovial conte, je goûte, mais oublieux alors d'un
ministre tout autre qui égayait mon souvenir, figure
comme découpée dans l'usure d'une tapisserie pareille à
celle où il lui faut rentrer pour mourir : falot, incon-
sistant bouffon d'âge, de qui le cadavre léger n'implique,
laissé à mi-cours de la pièce, pas d'autre importance
que n'en donne l'exclamation brève et hagarde « un
Rat ! » Qui erre autour d'un type exceptionnel comme
Hamlet, n'est que lui, Hamlet : et le fatidique prince
qui périra au premier pas dans la virilité, repousse
mélancoliquement, d'une pointe vaine d'épée, hors de la
route interdite à sa marche, le tas de loquace vacuité
gisant que plus tard il risquerait de devenir à son tour,
s'il vieillissait. Ophélie, vierge enfance objectivée du
lamentable héritier royal, reste d'accord avec l'esprit de
conservatoires moderne : elle a du naturel, comme
l'entendent les ingénues, préférant à s'abandonner aux
ballades introduire tout le quotidien acquis d'une des
savantes d'entre nos comédiennes ; chez elle éclate non
sans grâce, telle intonation parfaite, dans les pièces
du jour, là où l'on vit de la vie. Alors je surprends
en ma mémoire, autres que les lettres qui groupent
ce mot Shakespeare, voleter de récents noms qu'il est
sacrilège même de taire, car on les devine.

Quel est le pouvoir du Songe!

Le je ne sais quel effacement subtil et fané et
d'imagerie de jadis, qui manque à des maîtres-artistes
aimant à représenter un fait comme il en arrive, clair,
battant neuf! lui Hamlet, étranger à tous lieux où il
poind, le fleur impose à ces vivants trop en relief, par
l'inquiétant ou funèbre envahissement de sa présence :
l'acteur, sur qui se taille un peu exclusivement à souhait
la version française, remet tout en place seul par
l'exorcisme d'un geste annulant l'influence pernicieuse
de la Maison en même temps qu'il épand l'atmosphère
du génie shakespearien, avec un tact dominateur et du
fait de s'être miré naïvement dans le séculaire texte.
Son charme tout d'élégance désolée accorde comme une
cadence à chaque sursaut : puis la nostalgie de la prime
sagesse inoubliée malgré les aberrations que cause
l'orage battant la plume délicieuse de sa toque, voilà
le caractère peut-être et l'invention du jeu de ce
contemporain qui tire de l'instinct parfois indéchiffrable
à lui-même des éclairs de scoliaste. Ainsi pour la
première fois, m'apparaît rendue au théâtre, la dualité
morbide qui fait le cas d'Hamlet, oui, fou en dehors et
sous la flagellation contradictoire du devoir, mais s'il

fixe en dedans les yeux sur une image de soi qu'il y garde intacte autant qu'une Ophélie jamais noyée, elle ! prêt toujours à se ressaisir. Joyau intact sous le désastre !

Mime, penseur, le tragédien interprète Hamlet en souverain plastique et mental de l'art et surtout comme Hamlet existe par l'hérédité en les esprits de la fin de ce siècle : il convenait, une fois, après l'angoissante veille romantique, de voir aboutir jusqu'à nous résumé le beau démon, au maintien demain peut-être incompris, c'est fait. Avec solennité, un acteur lègue élucidée, quelque peu composite mais très d'ensemble, comme authentiquée du sceau d'une époque suprême et neutre, à un avenir qui probablement ne s'en souciera pas mais ne pourra du moins l'altérer, une ressemblance immortelle.

II

BALLETS

La Cornalba me ravit, qui danse comme dévêtue; c'est-à-dire que sans le semblant d'aide offert à un enlèvement ou à la chute par une présence volante et assoupie de gazes, elle paraît, appelée dans l'air, s'y soutenir, du fait italien d'une moelleuse tension de sa personne.

Tout le souvenir, non! du spectacle à l'Eden, faute de Poésie : ce qu'on nomme ainsi, au contraire, y foisonne, débauche aimable pour l'esprit libéré de la

fréquentation des personnages à robes, habit et mots
célèbres. Seulement le charme est aux pages du livret,
il ne passe pas dans la représentation. Les astres,
eux-mêmes, lesquels j'ai pour croyance que rarement
il faut déranger et pas sans raisons considérables
de méditative gravité (vrai qu'ici, selon l'explication,
l'Amour les meut et les assemble), je feuillette et
j'apprends qu'ils sont de la partie; et l'incohérent
manque hautain de signification qui scintille en
l'alphabet de la Nuit va consentir à tracer le mot
VIVIANE, enjôleurs nom de la fée et titre du poème,
selon quelques coups d'épingle stellaires en une
toile de fond bleue : car le corps de ballet, total, ne
figurera autour de *l'étoile* (la peut-on mieux nommer !)
la danse idéale des constellations. Point ! de là on
partait, vous voyez dans quels mondes, droit à l'abîme
de l'art. La neige aussi dont chaque flocon ne revit
pas au va-et-vient d'un blanc ballabile ou selon une
valse, ni le jet vernal des floraisons : tout ce qui est,
en effet, la Poésie, ou nature animée, ne sort du texte
que pour se figer en des manœuvres de carton et
l'éblouissante stagnation des mousselines lie et feu.
Aussi dans l'ordre de l'action, j'ai vu un cercle magique
par autre chose dessiné que le tour continu ou les lacs
de la fée même : etc. Mille détails piquants d'invention,

sans qu'aucun atteigne à une importance de fonctionnement avéré et normal, dans le rendu. A-t-on jamais,
notamment au cas sidéral précité, avec plus d'héroïsme
passé outre la tentation de reconnaître en même temps
que des analogies solennelles, cette loi, que le premier
sujet, hors cadre, de la danse soit une synthèse mobile,
en son incessante ubiquité, des attitudes de chaque
groupe : comme elles ne la font que détailler, en
tant que fractions, à l'infini. Telle, une réciprocité,
dont résulte l'in-individuel, chez la coryphée et dans
l'ensemble, de l'être dansant, jamais qu'emblème, point
quelqu'un...

Le jugement, ou l'axiome, à affirmer en fait de
ballet !

A savoir que la danseuse *n'est pas une femme qui
danse*, pour ces motifs juxtaposés qu'elle *n'est pas une
femme* mais une métaphore résumant un des aspects
élémentaires de notre forme, glaive, coupe, fleur, etc.,
et *qu'elle ne danse pas*, suggérant, par le prodige de
raccourcis ou d'élans, avec une écriture corporelle ce
qu'il faudrait des paragraphes en prose dialoguée autant
que descriptive, pour exprimer, dans la rédaction :
poème dégagé de tout appareil du scribe.

Après une légende, la Fable point comme l'entendit le goût classique où machinerie d'empyrée, mais selon le sens restreint d'une transposition de notre caractère, ainsi que de nos façons, au type simple de l'animal. Le jeu aisé consistait à *re*-traduire à l'aide de personnages, il est vrai, plus instinctifs comme bondissants et muets que ceux à qui un conscient langage permet de s'énoncer dans la comédie, les sentiments humains donnés par le fabuliste à d'énamourés volatiles. La danse est ailes, il s'agit d'oiseaux et des départs en l'à-jamais, des retours vibrants comme flèche: à qui scrute la représentation des DEUX PIGEONS apparaît par la vertu du sujet, cela, une obligatoire suite des motifs fondamentaux du Ballet. L'effort d'imagination pour le trouveur de ces similitudes ne s'annonce pas ardu, mais c'est quelque chose que d'apercevoir une parité médiocre même, et le résultat intéresse, en art. Leurre ! sauf dans le premier acte, une jolie incarnation des ramiers en l'humanité mimique ou dansante des protagonistes.

Deux pigeons s'aimaient d'amour tendre

deux ou plusieurs, par paire, sur un toit, ainsi que la mer, vu en l'arceau d'une ferme thessalienne, et vivants, ce qui est, mieux que peints, dans la profondeur et d'un juste goût. L'un des amants à l'autre les montre puis soi-même, langage initial, comparaison. Tant peu à peu les allures du couple acceptent de l'influence du pigeonnier becquètements ou sursauts, pâmoisons, que se voit cet envahissement d'aérienne lascivité sur lui glisser, avec des ressemblances éperdues. Enfants, les voici oiseaux, ou le contraire, d'oiseaux enfants, selon qu'on veut comprendre l'échange dont toujours et dès lors, lui et elle, devraient exprimer le double jeu : peut-être, toute l'aventure de la différence sexuelle! Or je cesserai de m'élever à aucune considération, que suggère le Ballet, adjuvant et le paradis de toute spiritualité, d'autant qu'après cet ingénu prélude, rien n'a lieu, sauf la perfection des exécutants, qui vaille un instant d'arrière-exercice du regard, rien... Fastidieux de mettre le doigt sur l'inanité quelconque issue d'un gracieux motif premier. Voilà la fuite du vagabond, laquelle prêtait, du moins, à cette espèce d'extatique impuissance à disparaître qui délicieusement attache

aux planchers la danseuse; puis quand viendra, dans
le rappel du même site ou le foyer, l'heure poignante et
adorée du rapatriement, après intercalation d'une fête
à quoi tout va tourner sous l'orage, et que les déchirés,
pardonnante et fugitif, s'uniront : ce sera... Conçoit-on
l'hymne de danse final et triomphal où diminue jusqu'à
la source de leur joie ivre l'espace mis entre les fiancés
par la nécessité du voyage! Ce sera... comme si la chose
se passait, Madame ou Monsieur, chez l'un de vous
avec quelque baiser très indifférent en Art, toute la
Danse n'étant de cet acte que la mystérieuse interprétation sacrée. Seulement, songer ainsi, c'est à se faire
rappeler par un trait de flûte le ridicule de son état
visionnaire quant au contemporain banal qu'il faut,
après tout, représenter, par condescendance pour le
fauteuil d'Opéra.

A l'exception d'un rapport perçu avec netteté entre
l'allure habituelle du vol et maints effets chorégraphiques,
puis le transport au Ballet, non sans tricherie, de la
Fable, demeure quelque histoire d'amour : il faut que
virtuose sans pair à l'intermède du Divertissement
(rien n'y est que morceaux et placage) l'émerveillante
Mademoiselle Mauri résume le sujet par sa divination mêlée d'animalité trouble et pure à tous

propos désignant les allusions non mises au point,
ainsi qu'avant un pas elle invite, avec deux doigts, un
pli frémissant de sa jupe et simule une impatience de
plumes vers l'idée.

Un art tient la scène, historique avec le Drame ;
avec le Ballet, autre, emblématique. Allier, mais ne
confondre ; ce n'est point d'emblée et selon un traitement
commun qu'il faut joindre deux attitudes jalouses de
leur silence respectif, la mimique et la danse, tout à
coup étrangères si l'on en force le rapprochement. Un
exemple illustre ce propos : a-t-on pas tout à l'heure,
pour rendre une identique essence, celle de l'oiseau,
chez deux interprètes, imaginé d'élire une mime à côté
d'une danseuse, c'est confronter trop de différence !
l'autre, si l'une est colombe, devenant j'ignore quoi,
la brise par exemple. Au moins, très judicieusement, à
l'Eden, employant les deux modes d'art exclusifs, un
homme de théâtre expérimenté a pris pour thème
l'antagonisme que chez son héros participant du double
monde, homme déjà et enfant encore, installe la rivalité
de la femme qui *marche* (même à lui, sur des tapis de

royauté) avec celle, non moins chère du fait de sa voltige
seule, la primitive et fée. Le trait distinctif de chaque
genre théâtral mis en contact ou opposé se trouve
commander l'œuvre qui emploie le disparate à son
architecture même. Resterait à trouver une communication. Le librettiste ignore d'ordinaire que la danseuse,
qui s'exprime par des pas, ne comprend d'éloquence
autre, même le geste.

A moins du génie disant « La Danse figure le
caprice à l'essor rythmique — voici, avec leur nombre,
les quelques équations sommaires de toute fantaisie —
or la forme humaine dans sa plus excessive mobilité, ou
vrai développement, ne les peut transgresser, en tant,
je le sais, qu'incorporation visuelle de l'idée » : cela, puis
un coup d'œil jeté sur un ensemble de chorégraphie!
personne à qui ce moyen convienne d'établir un
ballet. Connue la tournure d'esprit contemporaine, chez
ceux mêmes, aux facultés ayant pour fonction de se
produire miraculeuses : il y faudrait substituer je ne
sais quel impersonnel ou fulgurant regard absolu,
comme l'éclair qui enveloppe, depuis quelques ans, la
danseuse d'Edens, fondant une crudité électrique à des
blancheurs extra-charnelles de fards, et en fait bien
l'être prestigieux reculé au-delà de toute vie possible.

L'unique entraînement imaginatif consistera, aux heures ordinaires de fréquentation dans les lieux de Danse, sans visée quelconque préalable, patiemment et passivement à se demander devant tout pas, chaque attitude si étranges, et pointes et taquetés, allongés ou ballons « Que peut signifier ceci ? » ou mieux, d'inspiration le lire. A coup sûr on opérera en pleine rêverie, mais adéquate : vaporeuse, nette et ample, ou restreinte, telle seulement que l'enferme en ses circuits ou la transporte par une fugue la ballerine illettrée se livrant aux jeux de sa profession. Oui, celle-là (serais-tu perdu en une salle, spectateur très étranger, Ami) pour peu que tu déposes avec soumission à ses pieds d'inconsciente révélatrice, ainsi que les roses qu'enlève et jette en la visibilité de régions supérieures un jeu de ses chaussons de satin pâle vertigineux, la Fleur d'abord *de ton poétique instinct,* n'attendant de rien autre la mise en évidence et sous le vrai jour des mille imaginations latentes : alors, par un commerce dont son sourire paraît verser le secret, sans tarder elle te livre à travers le voile dernier qui toujours reste, la nudité de tes concepts et silencieusement écrira ta vision à la façon d'un Signe, qu'elle est.

III

LE GENRE ou DES MODERNES(*)

Ici, succincte, une parenthèse.

Le Théâtre est d'essence supérieure.

Autrement, évasif desservant du culte qu'il faut l'autorité d'un dieu ou un acquiescement entier de foule pour installer selon le principe, s'attarderait-on à lui dédier ces Notes!

(*) Incomplet : sans Augier, Dumas.

Nul poëte jamais ne put à une telle objectivité des jeux de l'âme se croire étranger : admettant qu'une obligation traditionnelle, par temps, lui blasonnât le dos de la pourpre du fauteuil de critique, ou très singulièrement sommé au fond d'un exil, incontinent d'aller voir ce qui se passe chez lui, dans son palais.

L'attitude, d'autrefois à cette heure, diffère.

Mis devant le triomphe immédiat et forcené du monstre ou Médiocrité qui parada au lieu divin, j'aime Gautier appliquant à son regard las la noire jumelle comme une volontaire cécité et « *C'est un art si grossier... si abject* » exprimait-il, devant le rideau ; mais comme il ne lui appartenait point, à cause d'un dégoût, d'annuler chez soi des prérogatives de voyant, ce fut encore, ironique, la sentence « *Il ne devrait y avoir qu'un vaudeville — on ferait quelques changements de temps en temps.* » (*) Remplacez Vaudeville par Mystère, soit une tétralogie multiple elle-même se déployant parallèlement à un cycle d'ans recommencé et tenez que le texte en soit incorruptible comme la loi : voilà presque !

(*) Lire le merveilleux *Journal des Goncourt*, tome 1er.

Maintenant que suprêmement on ouït craquer
jusque dans sa membrure définitive la menuiserie et le
cartonnage de la bête, il est vrai, fleurie, comme en
un dernier affollement, de l'éblouissant paradoxe de
la chair et du chant; ou qu'imagination pire et
sournoise pour leur communiquer l'assurance que rien
n'existe qu'eux, demeurent sur la scène seulement des
gens pareils aux spectateurs : maintenant, je crois
qu'en évitant de traiter l'ennemi de face vu sa feinte
candeur et même de lui apprendre par quoi ce devient
plausible de le remplacer (car la vision neuve de l'idée,
il la vêtirait pour la nier, comme le tour perce déjà dans
le Ballet), véritablement on peut harceler la sottise de
tout cela! avec rien qu'un limpide coup d'œil sur tel
point hasardeux ou sur un autre. A plus vouloir, on
perd sa force qui gît dans l'obscur de considérants
tus sitôt que divulgués à demi, où la pensée se réfugie :
or décréter abject un milieu de sublime nature, parce
que l'époque nous le montra dégradé : non, je m'y
sentirais trop riche en regrets de ce dont il restait beau
et point sacrilège de simplement suggérer la splendeur.

Notre seule magnificence, la scène, à qui le concours d'arts divers scellés par la poésie attribue selon moi quelque caractère religieux ou officiel, si l'un de ces mots a un sens, je constate que le siècle finissant n'en a cure, ainsi comprise : et que cet assemblage miraculeux de tout ce qu'il faut pour façonner de la divinité, sauf la clairvoyance de l'homme, sera pour rien.

Au cours de la façon d'interrègne pour l'Art, ce souverain, où s'attarde notre époque tandis que doit le génie discerner mais quoi? sinon l'afflux envahisseur et inexpliqué des forces, théâtrales exactes, mimique, jonglerie, danse et la pure acrobatie, il ne se passe pas moins que des gens adviennent, vivent, séjournent en la ville : phénomène qui ne couvre, apparemment, qu'une intention d'aller quelquefois au spectacle.

La scène est le foyer évident des plaisirs pris en commun, aussi et tout bien réfléchi, la majestueuse ouverture sur le mystère dont on est au monde pour envisager la grandeur, cela même que le citoyen, qui en aurait une idée, se trouve en droit de réclamer à un État, comme compensation de l'avilissement social. Se figure-t-on l'entité gouvernante autrement que gênée (eux, les royaux pantins du passé, à leur insu répondaient par le muet boniment de ce qui crevait de rire en leur personnage enrubanné; mais de simples généraux maintenant) devant une prétention de malappris, à la pompe, au resplendissement, à quelque solemnisation auguste du Dieu qu'il sait être! Après un coup d'œil, regagne le chemin qui t'amena dans la cité médiocre et sans conter ta déception ni t'en prendre à personne, fais-toi, hôte présomptueux de l'heure, reverser par le train dans quelque coin de rêverie insolite; ou bien reste, nulle part ne seras-tu plus loin qu'ici, puis commence à toi seul, selon la somme amassée d'attente et de songes, ta nécessaire représentation. Satisfait d'être arrivé dans un temps où le devoir qui lie l'action multiple des hommes, existe mais à ton exclusion, (ce pacte déchiré parce qu'il n'exhiba point de Sceau.)

Que firent les Messieurs et les Dames issus à leur façon pour assister, en l'absence de tout fonctionnement de majesté et d'extase selon leur unanime désir précis, à une pièce de théâtre : il leur fallait s'amuser nonobstant; ils auraient pu, tandis que riait en train de sourdre la Musique, y accorder

quelque pas monotone de salons. Le jaloux orchestre
ne se prête à rien d'autre que signifiances idéales
exprimées par la scénique sylphide. Conscients d'être
là pour regarder, sinon le prodige de Soi ou la Fête!
du moins eux-mêmes ainsi qu'ils se connaissent dans
la rue ou à la maison, voilà au piteux lever d'aurorale
toile peinte, qu'ils envahirent, les plus impatients,
le proscénium, agréant de s'y comporter ainsi que
quotidiennement et partout : ils salueraient, causeraient
à voix superficielle de riens dont avec précaution est
faite leur existence, durant quoi les autres demeurés
en la salle se plairaient, détournant leur tête la minute
de laisser scintiller des diamants d'oreilles qui babillent
Je suis pure de cela qui se passe sur la scène ou la barre
de favoris couper d'ombre une joue comme par un *Ce
n'est pas moi dont il est ici question*, conventionnellement
et distraitement à sourire à l'intrusion sur le plancher
divin : lequel, lui, ne la pouvait endurer avec impunité,
à cause d'un certain éclat subtil, extraordinaire et brutal
de véracité que contiennent ses becs de gaz mal dissi-
mulés et aussitôt illuminant, dans des attitudes générales de l'adultère ou du vol, les imprudents acteurs de
ce banal sacrilège.

Je comprends.

La danse seule, du fait de ses évolutions, avec le mime me paraît nécessiter un espace réel, ou la scène.

A la rigueur un papier suffit pour évoquer toute pièce : aidé de sa personnalité multiple chacun pouvant se la jouer en dedans, ce qui n'est pas le cas quand il s'agit de pirouettes.

Ainsi je fais peu de différence, prenant un exemple insigne, entre l'admiration que garde depuis plusieurs années ma mémoire d'une lecture de la comédie de M. Becque, les Honnêtes Femmes, et le plaisir tiré de sa reprise hier. Que l'actrice réveille le spirituel texte ou si c'est ma vision de liseur à l'écart, voilà (comme les autres ouvrages de ce rare auteur) un chef-d'œuvre moderne dans le style de l'ancien théâtre. La phrase chante sur les voix si bien d'accord que sont celles du Théâtre-Français sa mélodie de bon sens, je ne l'en perçois pas moins écrite, dans l'immortalité de la brochure. Aucune surprise que je n'aie goûtée d'avance, ni déception : mais un délice d'amateur à constater que la notation de vérités ou de sentiments pratiqués avec une justesse presque abstraite, ou simplement littéraire dans le vieux sens du mot, trouve, à la rampe, vie.

S'il tarde d'en venir à rassembler à-propos de
gestes et de pas, quelques traits d'esthétique nouveaux,
je ne laisserai du moins cet acte parfait dans une autre
manière, sans marquer qu'il a, comme le doit tout
produit même exquisement moyen et de fiction plutôt
terre-à-terre, par un coin, aussi sa puissante touche
de poésie inévitable : dans l'instrumentale conduite
des timbres du dialogue, interruptions, répétitions,
toute une technique qui rappelle l'exécution en musique
de chambre de quelque fin concert de tonalité un peu
neutre; et (je souris) du fait du symbole. Qu'est-ce,
sinon une allégorie bourgeoise, délicieuse et vraie,
prenez la pièce ou voyez-là ! que cette apparition à
l'homme qui peut l'épouser, d'une jeune fille parée de
beaux enfants d'autrui, hâtant le dénouement par un
tableau de maternité future.

A tout le théâtre faussé par une thèse ou aveuli
jusqu'à l'étalage de chromolithographies, bref le contraire, cet Auteur Dramatique par excellence (pour
reproduire la mention des bustes de foyer) oppose
l'harmonie des types et de l'action. Ainsi les ameu-
blements indiquant l'intimité de ce siècle, louches,
tels, prétentieux ! dans de récentes années revint

se substituer le ton bourgeois et pur du style dernier, le Louis XVI. Analogie qui me prend : s'il n'existe de rêvoir mieux approprié à l'état contemporain que les soieries de robe aux bergères avec alignement d'acajou discret, cela noble, familier (où le regard, jamais trompé par les similitudes de quelque allusion décorative aveuglante, ne risque d'accrocher à leur crudité puis d'y confondre selon des torsions le bizarre luxe de sa propre chimère), je sens une sympathie pour l'ouvrier d'un œuvre restreint et parfait, mais d'un œuvre parce qu'un art y tient, lequel me charme par une fidélité à tout ce qui fut une rare et superbe tradition, et ne gêne ni ne masque pour mon œil l'avenir.

Le malentendu qui toutefois peut s'installer entre la badauderie et le maître, si quelqu'un n'y coupe court en vertu d'une admiration, provient de ce que, dans un souhait trouble de nouveau, on attende un art inventé de toutes pièces : tandis que voici un aboutissement imprévu, glorieux et neuf de l'ancien genre classique, en pleine modernité, avec notre expérience ou je ne sais quel désintéressement cruel qu'on n'a pas employé tout à nu, avant le siècle. Autre chose que la PARISIENNE notamment, c'est présumer mieux qu'un chef-d'œuvre, tant le savoir de l'écrivain brille en cette

production de sa verte maturité ; ou surpassera-t-il les
CORBEAUX? Je ne le désire presque, et me défierais. Une
à une reprenez sur quelque scène officielle et comme
exprès rétrospective ces pièces déjà qui du premier
soir furent évidentes, pour que le travailleur groupe
à l'entour maint exemplaire du genre dont il a, par un
fait historique très spécial, dégagé sur le tard de notre
littérature, la vive ou sobre beauté. Ne pas feindre
l'impatience d'une surprise quand elle a eu lieu et
qu'il s'agit d'un art achevant ainsi avec un plus strict
éclat qu'un des génies antérieurs eût pu l'allumer, sa
révélation, ou notre comédie de mœurs française.

Comme je goûte par exemple la farce, aiguë, autant
que profonde sans prendre jamais un ton soucieux vu
que c'est trop si la vie l'affecte envers nous, rien n'y
valant que s'enfle l'orchestration des colères, du blâme
ou de la plainte! partition ici tue selon un rythmique
équilibre dans la structure, elle se répond, par
opposition de scènes contrastées et retournées, d'un
acte à l'autre où c'est une voltige, allées, venues, en
maint sens, de la fée littéraire unique, la Fantaisie,
qui efface d'un pincement de sa jupe, ou montre, une
transparence d'allusions répandue sur fond d'esprit :

enveloppant dans le tourbillon de joie la réalité folle et contradictoire puis la piquant de ses pointes, avant de s'arrêter sur ce sourire qui est le jugement suprême et en dernier lieu de la sagesse parisienne et indéniablement le trait de M. Meilhac.

Ainsi dans un ouvrage dramatique savant réapparaît, visible au regard critique et certain, l'*être aux ailes de gaze*, à qui sont les planches.

L'hiver (*) est à la prose.

Avec l'éclat automnal cessa le Vers, qui autorise le geste et un miraculeux recul : c'était, la dernière fanfare si magistralement lancée que j'ai dans l'oreille, du fait de M. Richepin, au succès interrompu par le départ de Scapin en personne (**) : farce où le tréteau s'est agrandi par ses arts seuls jusqu'à la scène, comme il le faillit aux siècles d'imitation antique.

(*) 1886.
(**) M. Coquelin.

Figurativement, ainsi tout se passe, même en la
comédie, la rampe se prêtant à l'éclair métaphorique de
vérités.

A une distance d'un mois et plus, un effet, par
exemple, prodigieux, simple me hante, entre mille de
Monsieur Scapin, c'est la fuite, nulle part mais
accomplie en dernière ressource, avec férocité, de
celle qui échappe à tout, à des dupes, à leurs cris,
au châtiment, selon son commerce surnaturel et une
mauvaise innocence, seulement en se dérobant, la
Courtisane (*). A peine se demande-t-on si c'est la
brute représentation d'un fait, qu'on voit là ou la mise
au point du sens de ce fait. La pièce du vivace poëte
abonde, avec gaîté, en des visions qui, moins que
celle-là peut-être car je la tiens pour unique, s'imposent:
et je voudrais d'elle et d'autres citer, pour les parfaire,
l'accompagnement ou des tirades développant comme
un rire vaste envolé loin, mais je manque d'une belle
mémoire. Le vers à pleine voix, viril, jeté clair, séduit
comme strictement théâtral attendu qu'il s'adapte par

(*) Au 3e acte, personnage de Rafa.

sa combinaison d'images et de verve haute précisément au site de toiles peintes sous des lumières, le décor, ainsi qu'à ce naturel instrument, l'acteur, qui indiquent l'état actuel de l'art.

Le silence, seul luxe après les rimes, un orchestre ne faisant avec son or, ses frôlements de soirs et de cadence, qu'en détailler la signification à l'égal d'une ode tue et que c'est au poëte, suscité par un défi, de traduire ! le silence que depuis je cherche aux après-midi de musique, je l'ai trouvé avec contentement aussi, devant la réapparition toujours inédite comme lui-même de Pierrot c'est-à-dire du clair et sagace mime Paul Legrand.

Ainsi ce PIERROT ASSASSIN DE SA FEMME composé et rédigé par M. Paul Margueritte, tacite soliloque que tout du long à-soi-même tient et du visage et des gestes le fantôme blanc comme une page pas encore écrite. Un tourbillon de pensées naïves ou neuves émane, qu'il plairait de saisir avec sûreté, et dire. Toute l'esthétique du genre situé plus près des principes qu'aucun autre ! rien en cette région de la fantaisie ne pouvant contrarier l'instinct simplificateur et direct.

Voici. « La scène n'illustre que l'idée, non une action
» effective, par un hymen (d'où procède le Rêve), vicieux
» mais sacré, entre le désir et l'accomplissement, la
» perpétration et son souvenir : ici devançant, là
» remémorant, au futur, au passé, *sous une apparence*
» *fausse de présent.* Tel opère le Mime, dont le jeu
» se borne à une perpétuelle allusion : il n'installe
» autrement un milieu pur de fiction. » Ce rôle,
moins qu'un millier de lignes, qui le lit comprendra
les règles ainsi que placé devant un tréteau, leur
dépositaire humble. La surprise aussi, accompagnant
l'artifice d'une notation de sentiments par des phrases
point proférées, est que, dans ce seul cas peut-être avec
authenticité, entre les feuillets et le regard s'établit ce
silence, délice de la lecture.

Mais où poind, et je l'exhibe avec dandysme, mon
incompétence, au sujet d'autre chose que l'absolu, c'est
le doute qui d'abord abominer, un intrus apportant
sa marchandise différente de l'extase et du faste, ou
le prêtre vain qui endosse un néant d'insignes pour
cependant officier.

Avec l'impudence de faits divers ou du trompe-l'œil emplir le théâtre et exclure la Poésie, ses jeux, sublimités (espoir toujours chez un spectateur), ne me semble besogne pire que la montrer en tant que je ne sais quoi de spécial au bâillement; ou, instaurer cette déité dans tel appareil balourd et vulgaire est peut-être méritoire à l'égal de l'omettre.

La chicane, la seule que j'oppose à un Odéon, n'est pas qu'il tienne ici pour une alternative plutôt que l'autre, la sienne va à ses pseudo-attributions et dépend d'une architecture : mais bien, temple d'un culte factice, entretenant une vestale pour alimenter sur un trépied à pharmaceutique flamme *le grand art quand même !* de recourir méticuleusement et sans se tromper à la mixture conservant l'inscription exacte *Ponsard* comme à quelque chose de fondamental et de vrai. Un déni de justice à l'an qui part ou commence, ici s'affirme, en tant que la constatation, où je ne puis voir sans déplaisir mettre un cachet national, que notre âge soit infécond en manifestations identiques, comme portée et rendu par exemple au LION AMOUREUX, c'est-à-dire à combler avec ce qui simule exister le vide de ce qu'il n'y a pas.

Au contraire, en ces Notes d'abord, nous sommes aux grisailles et vous n'aviez, prêtresse d'une crypte froide, pas à mettre la main sur une des fioles avisées qui se parent en naissant, une fois pour toutes et dans un but d'économie, de la poussière de leur éternité. Ce Ponsard, puisque soufflant par un des buccins du jour, je suis sujet à répéter son nom, n'agite mon fiel, si ce n'est que, sa gloire vient de là ! il paya d'effronterie, inouie, hasardée, extravagante et presque belle en persuadant à une clique, qu'il représentait, dans le manque de tout autre éclat, au théâtre la Poésie, quand en resplendissait le dieu. Je l'admire pour cela, avoir sous-entendu Hugo, dont il dut, certes, s'apercevoir, à ce point que né humble, infirme et sans ressources, il joua l'obligation de frénétiquement surgir, faute de quelqu'un; et se contraignit après tout à des efforts qui sont d'un vigoureux carton. Malice un peu ample, et drôle! dont nous étions plusieurs nous souvenant; mais en commémoration de quoi il n'importait de tout à coup sommer la génération nouvelle. Combien, pour ma part, ayant l'âme naïve et juste, je nourris une autre prédilection, sans désirer qu'on les ravive néanmoins au détriment d'aucun contemporain, pour ces remplaçants authentiques du Poëte qui encoururent notre sourire, ou le leur peut-être s'ils en avaient un, à seule fin pudiquement de nier, au laps d'extinction totale du lyrisme, comme les Luce de Lancival, Campistron ou d'autres ombres, cette vacance néfaste : ils ont, à ce qu'était leur âme, ajusté pour vêtement une guenille usée jusqu'aux procédés et à la ficelle plutôt que d'avouer le voile de la Déesse en allé dans une déchirure immense ou le deuil. Ces larves demeureront touchantes et je m'apitoie à l'égal sur leur descendance que l'Odéon, ce soir, frustre, pareille à des gens qui garderaient l'honneur d'autels résumé en le désespoir de leurs poings fermés aussi peut-être par la somnolence. Tous, je les juge instructifs non moins que grotesques, leurs imitateurs et les devanciers, attendu que d'un siècle ils reçoivent, en manière de sacré dépôt, pour le transmettre à un autre, ce qui précisément n'est pas, ou que si c'était, mieux vaudrait ne pas savoir! le résidu de l'art, axiomes, formule, rien.

Quelques romans ont, de pensée qu'ils étaient, en ces temps repris corps, voix et chair, et cédé leurs fonds de coloris immatériel, à la toile, au gaz.

Le roman, je ne sais le considérer au pouvoir des maîtres ayant apporté à sa forme un changement si beau (quand il s'agissait naguère d'en fixer l'esthétique), sans admirer qu'à lui seul il débarrasse l'art, d'abord sur la scène, de l'instrusion du moderne personnage, désastreux et nul comme se gardant d'agir plus que de tout.

Quoi ! le parfait écrit récuse jusqu'à la moindre allusion à une aventure, pour se complaire dans son évocation chaste, sur le tain de souvenirs, comme l'est cette extraordinaire *Chérie*, d'une figure, à la fois éternel fantôme et la vie ! c'est qu'il ne se passe rien d'immédiat et d'en dehors dans un présent qui joue à l'effacé pour couvrir de plus hybrides dessous. Si notre extérieure agitation choque, en l'écran de feuillets imprimés, à plus forte raison sur les planches, matérialité dressée dans une obstruction gratuite. Oui, le Livre ou cette monographie qu'il devient d'un type (superposition des pages comme un coffret, défendant contre le brutal espace une délicatesse reployée infinie et intime de l'être en soi-même) suffit avec maints procédés si neufs analogues en raréfaction à ce qu'a de subtil la vie. Par une mentale opération et point d'autre, lecteur je m'adonne à abstraire telle

physionomie, sans ce déplaisir d'un visage exact
penché, hors la rampe, sur ma source ou âme. Les
traits réduits à des mots, un maintien le cédant à
quelque identique disposition de phrase, tout ce pur
résultat atteint pour ma noble délectation, s'effarouche
de la réalité d'une interprète, qu'il sied d'aller voir en tant
que public, à l'Odéon, si l'on n'aime rouvrir, comme
moi, chaque hiver, un des plus exquis et poignants
ouvrages de MM. de Goncourt, RENÉE MAUPERIN,
car vous devinez, quoique traîne et recule au plus
loin de la cadence ordinaire une conclusion relative à
l'un des princes des lettres contemporaines, tout cet
artifice dilatoire de respect vise la si intéressante,
habile et quasi originale adaptation qu'a faite du chef-
d'œuvre, une tolérance amicale l'y invitant, M. *Céard*.
Au manque de goût aisé de chuchoter des vérités que
mieux trompette l'œuvre éclatant du romancier, cette
atténuation : je réclame, pas selon une vue théâtrale
à moi, pour l'intégrité du génie littéraire, à cause
simplement du milieu peut-être plus grossier encore,
s'il le restitue, même scéniquement, à l'existence, après
l'en avoir tiré par le fait des procédés délicieux, fuyants,
de l'analyse.

Et... et... je parle d'après quelque perception aussi qu'a de l'atmosphère un poëte transposé même dans le monde, répondez, si demeure un rapport satisfaisant ou quelconque entre la façon d'exister et de dire forcément soulignée des comédiens en exercice, et le caractère tout d'insaisissable finesse de la vie. Conventions ! et vous implanterez, au théâtre, avec plus de vraisemblance les paradis, qu'un salon.

M. Daudet entreprend lui-même sa tâche, je crois sans préconception mais en consultant à mesure que se fait l'éveil de textes à la scène, ses dons, pour servir à tel effet ou le nier, dans le sens apparu et selon pas d'esthétique que la loi de son impeccable tact. Toujours avec lui, surveillant cette opération en critique détaché a-t-on chance de saisir, fortuitement, sur le fait, des résultats certains. Art qui inquiète et séduit comme ce que je perçois vrai derrière mon incompétence car s'établit une ambiguité entre l'écrit et le joué, des deux aucun, elle verse, le volume presque omis, l'impression qu'on n'est pas tout à fait devant la rampe. Si je détaillais le charme, voici : sans le nécessaire talisman de la page (présent perfide d'humble aspect qui cache mon asservissement à la pensée d'autrui, plus ! à son écriture) on ne se croit, d'autre part, le captif du vieil enchantement redoré d'une salle, ce spectacle comportant je ne sais quoi de direct ou encore cette qualité de provenir de nous à la façon d'une libre vision spirituelle. Ainsi l'acteur n'y scande point sur les planches son pas appuyé à la ritournelle dramatique mais se meut dans un milieu simple et le silence, ici comme au figuré, de tapis sur le sonore tremplin rudimentaire de la marche et du bond : il n'y a, tel détail ou un autre, jusqu'à cet enguirlandement de comparses en la farandole, lequel ne prenne une grâce de mentale fresque. Morcellement surtout de ce qu'il faudrait, en contradiction avec une formule célèbre, appeler *la scène à ne pas faire* du moins dans la modernité où personne ne choie qu'une préoccupation, pendant ses heures de la nuit et du jour, rayant tous les codes passés, « ne jamais rien accomplir ou proférer qui puisse exactement se copier au théâtre ». Le choc d'âme sans que s'y abandonne le héros comme il le peut dans le seul poème, a lieu par brefs moyens, un cri, ce sursaut la minute d'y faire allusion, avec une légèreté de touche autant que la clairvoyance d'un artiste qui a exceptionnellement dans le regard notre monde. Ce faire si curieux et qui apparaît à l'état de résultante comme virtuelle d'une tentative, la plus haute d'à présent, ne se dément pas au long de la pièce : il éclate intense et significatif, à suspendre même l'afflux

des bravos avant la chute du rideau et fournit ce tableau
à demi dans la plastique du théâtre mais déjà aussi dans
l'optique pure, d'une chambre avec tous les éléments
familiaux de la vie, on y va mourir bientôt, on y vient
presque de naître, plus poignant que des fiançailles
aussi un rapprochement conjugal s'y noua, or tout est
vain et ne garde d'intérêt que pour le spectateur.. à
travers la croisée, impersonnel comme l'être vu de dos
et repris par sa folie du dehors et de bruit, s'agite dans
quelque harangue, au balcon, inentendue qu'importe,
il parle! gesticule et continue sa fatalité, NUMA
ROUMESTAN : c'est, à l'esprit, dans un au-delà de vitrage
et son cadre, jusqu'à l'instant suprême différée la totale
apparition de l'incorrigible, elle conclut en même temps
que se perd en le futur.

Nouveaux, concis, lumineux traits, que le Livre
dût-il y perdre, enseigne à un théâtre borné.

L'intention, quand on y pense, gisant aux
sommaires plis de la tragédie française ne fut pas
l'antiquité ranimée dans sa cendre blanche mais de

produire en un milieu nul ou à peu près les grandes
poses humaines et comme notre plastique morale.

Statuaire égale à l'interne opération par exemple
de Descartes et si le tréteau significatif d'alors avec
l'unité de personnage, n'en profita, joignant les planches
et la philosophie, il faut accuser le goût notoirement
érudit d'une époque retenue d'inventer malgré sa nature
prête, dissertatrice et neutre, à vivifier le type abstrait.
Une page à ces grécisants, ou même latine, servait,
dans le décalque. La figure d'élan idéal ne dépouilla pas
l'obsession scolaire ni les modes du siècle.

Seul l'instinctif jet survit, qui a dressé une belle
musculature de fantômes.

Si je précise le dessin contraire ou pareil de cet
homme de vue si simple *M. Zola* acceptant la modernité pour l'ère définitive (au-dessus de quoi s'envola,
dans l'héroïque encore, le camaieu Louis XIV), il
projette d'y établir comme en quelque terrain, général et
stable, le drame, en soi et hors d'aucune fable que les
cas de notoriété. Le moyen de sublimation de poëtes
nos prédécesseurs avec un vieux vice charmant, trop
de facilité à dégager la rythmique élégance d'une

synthèse, approchait la formule souhaitée, laquelle diffère par une brisure analytique multipliant la vraisemblance ou les heurts du hasard.

Vienne le dénouement d'un orage de vie, gens de ce temps, rappelons-nous avec quel souci de parer jusqu'à une surprise de geste ou de cri dérangeant notre sobriété nous nous asseyons, simplement, pour un entretien. Ainsi et selon cette tenue, commence en laissant s'agiter chez le spectateur le sourd orchestre des dessous et me subjugue Renée.. A demi-mot se résout posément chaque état sensitif par les personnages même su, le propre de notre attitude maintenant, ou celle humaine suprême, étant de ne parler jamais qu'après décision, loin de fournir la primauté au motif sentimental même le plus cher : alors s'établit en nous l'impersonnalité des grandes occasions.

Loi, exclusive de tout art traditionnel, non! elle dicta le théâtre classique, à l'éloquent débat ininterrompu : aussi par ce rapport mieux que par les analogies d'un sujet même avec la Phèdre dix-septième siècle, le théâtre de mœurs récent confine à l'ancien !

Voyez que vous-même, après coup ou d'avance mais sciemment, toujours traitez la situation : un contemporain essaie de l'élucider par un appel pur à son jugement, comme à propos de quelque autre et sans se mettre en jeu. Le triple contrat entre Saccard et le père de l'héroïne, puis Renée, résolvant en affaire le sinistre préalable, illustre cela, au point que ne m'apparaisse d'ouverture dramatique plus strictement moderne, à cause d'une maîtrise anticipée et nette de soi.

Ce volontaire effacement extérieur qui particularise notre façon, toutefois, ne peut sans des accès se prolonger et la succincte foudre qui servira de détente à tant de contrainte et d'inutiles précautions contre l'acte magnifique de vivre, marque d'un jour violent le malheureux, comme pris en faute dans une telle interdiction de se montrer à même.

Voilà une théorie tragique actuelle ou, pour mieux dire, celle de la *pièce :* le drame, latent, ne s'y manifeste que par une déchirure affirmant l'irréductibilité de nos instincts.

L'adaptation, par le romancier, d'un tome de
son œuvre, la CURÉE, accru de la nouvelle NANTAS,
cause, sur qui prend place en désintéressé, un effet de
pièce succédant à celles fournies par le théâtre dit de
genre, sauf la splendeur à tout coup de qualités
élargies jusqu'à valoir un point de vue : affinant la
curiosité en intuition qu'existe de cela aux choses
quotidiennement jouées et pas d'aspect autres, une
différence.

Absolue..

Ce voile conventionnel qui, ton, concept, etc., erre
dans toute salle, accrochant aux cristaux perspicaces
eux-mêmes son tissu de fausseté et ne découvre que
banale la scène, il a comme flambé au gaz ! et ingénus,
morbides, sournois, brutaux avec une nudité d'allure
bien dans la franchise classique se montrent des
caractères.

Cependant non loin, le lavage à grande eau musical du Temple, qu'effectue devant ma stupeur, l'orchestre avec ses déluges de gloire ou de tristesse versés, ne l'entendez-vous pas? dont la Danseuse restaurée mais encore invisible à de préparatoires cérémonies, semble la mouvante écume suprême.

Il fut un théâtre, le seul où j'allais de mon gré, l'Eden, significatif de l'état d'aujourd'hui, avec son apothéotique résurrection italienne de danses offerte à notre vulgaire plaisir, tandis que par derrière attendait le monotone promenoir. Une lueur de faux cieux électrique baigna la récente foule, en vestons, à saccoche ; puis à travers l'exaltation, par les sons, d'un imbécile or et de rires, arrêta sur la fulgurence des paillons ou de chairs l'irrémissible lassitude muette de ce qui n'est pas illuminé des feux d'abord de l'esprit. Parfois j'y considérai, au sursaut de l'archet, comme sur un coup de baguette légué de l'ancienne Féerie, quelque cohue multicolore et neutre en scène soudain se diaprer de graduels chatoiements ordonnée en un savant ballabile, effet rare véritablement et enchanté ; mais de tout cela

et de l'éclaircie faite dans la manœuvre de masses selon
de subtils premiers sujets! le mot restait aux finales
quêteuses mornes de là-haut entraînant la sottise poly-
glotte éblouie par l'exhibition de moyens de beauté et
pressée de dégorger cet éclair, vers quelque reddition
de comptes simplificatrice : car la prostitution en ce
lieu, et c'était là un signe esthétique, devant la satiété
de mousselines et de nu abjura jusqu'à l'extravagance
puérile de plumes et de la traîne ou le fard, pour ne
triompher, que du fait sournois et brutal de sa
présence devant d'incomprises merveilles. Oui, je
me retournais, à cause de ce cas flagrant qui occupa
toute ma rêverie comme l'endroit; en vain! sans la
musique telle que nous la savons égale des silences et
le jet d'eau de la voix, ces revendicatrices d'une idéale
fonction, la Zucchi, la Cornalba, la Laus avaient de la
jambe écartant le banal conflit, neuves, enthousiastes,
désigné avec un pied suprême au delà des vénalités de
l'atmosphère, plus haut même que le plafond de Clairin,
quelque astre.

Très instructive exploitation, adieu.

A défaut du ballet y expirant dans une fatigue de luxe voici que ce local singulier deux ans déjà par des vêpres dominicales de la symphonie purifié bientôt intronise, non pas le cher mélodrame français agrandi jusqu'à l'accord du vers et du tumulte instrumental ou leur lutte (prétention aux danses parallèle chez le poëte) mais un art, le plus compréhensif de ce temps, tel que par l'omnipotence d'un total génie encore archaïque il échut et pour toujours aux commencements d'une race rivale de nous : avec *Lohengrin* de Richard Wagner.

O plaisir et d'entendre là dans un recueillement trouvé à l'autel de tout sens poétique ce qui est jusque maintenant la vérité ; puis, de pouvoir, à propos d'une expression même étrangère à nos propres espoirs, émettre, cependant et sans malentendu, des paroles.

IV

UN PRINCIPE DES VERS

Jamais soufflet tel à l'élite soucieuse de recueillement pour s'installer en l'esprit des splendeurs, que celui donné par la crapule exigeant la suppression, avec ou sans le gouvernement ou d'accord avec le chef-d'œuvre affolé lui-même, de LOHENGRIN : ce genre de honte possible n'avait été encore envisagé par moi, et est acquis, au point que quelque tempête d'égout qui maintenant s'insurge contre de la supériorité et y crache, j'aurai vu pire, et rien ne produira qu'indifférence.

Certaine incurie des premières représentations pour
ne pas dire un éloignement peut-être de leur solennité,
où une présence avérée devant tout l'éclat scénique
commande, au lieu de ces légères Notes d'un coin prises
par côté et n'importe quand à l'arrière vibration d'un
soir, mon attention pleine et de face, orthodoxe, à des
plaisirs que je sens médiocrement; aussi d'autres raisons
diffuses, même en un cas exceptionnel m'avaient conduit
(et la certitude pour la critique d'ici de compter, en
faveur du drame lyrique, sur l'éloquente bravoure de
mon conjoint musical *) à négliger les moyens d'être
de ce lever angoissant du rideau français sur Wagner.
Mal m'en a pris; on sait le reste et comment c'est en
fuyant la patrie que dorénavant il faudra satisfaire de
beau notre âme.

Voilà, c'est fini, pour des ans...

Que de sottise et notamment au sens politique
envahissant tout, si bien que j'en parle! d'avoir perdu
une occasion élémentaire, tombée des nuages et sur
quoi s'abattre, nous de manifester à une nation hostile

(*) M. de Fourcaud.

la courtoisie qui déjoue de hargneux faits divers; quand
il s'agissait d'en saluer le Génie dans son aveuglante
gloire.

Tous, de nouveau nous voici, quiconque recherche
le culte d'un art en rapport avec le temps (encore à
mon avis que celui d'Allemagne accuse de la bâtardise
pompeuse et neuve), obligés de prendre, matériellement,
le chemin de l'étranger non sans ce déplaisir subi, par
l'instinct simple de l'artiste, à quitter le sol du pays; dès
qu'il y a lieu de s'abreuver à un jaillissement voulu par
sa soif.

Un de ces soirs manqués d'initiation et de joie
j'ouvrais, en quête de bonne compensation, le radieux
écrit LE FORGERON pour y apprendre de solitaires
vérités.

Que tout poème composé sinon pour obéir au vieux
génie du vers, n'en est pas un... On a pu, antérieurement à l'invitation de la rime ici extraordinaire parce
qu'elle ne fait qu'un avec l'alexandrin qui, dans ses

poses et la multiplicité de son jeu, semble par elle dévoré
tout entier comme si cette fulgurante cause de délice y
triomphait jusqu'à l'initiale syllabe; avant le heurt
d'aile brusque et l'emportement, on a pu, cela est même
l'occupation de chaque jour, posséder et établir une
notion du concept à traiter, mais indéniablement pour
l'oublier dans sa façon ordinaire et se livrer ensuite à la
seule dialectique du Vers. Lui en dieu jaloux auquel le
songeur céda la maîtrise, il ressuscite au degré glorieux
ce qui, tout sûr, philosophique, imaginatif et éclatant
que ce fût, comme dans le cas présent, une vision céleste
de l'humanité! ne resterait, à son défaut que les plus
beaux discours émanés de notre bouche : à travers
un nouvel état, pur, il y a recommencement sublime
des conditions ainsi que des matériaux naturels de
la pensée sis habituellement chez nous pour un devoir
de prose, comme des vocables eux-mêmes, après cette
différence et l'essor au-delà, atteignant leur vertu.

Personne, ostensiblement, depuis qu'étonna le phénomène poétique, ne le résume avec audacieuse candeur
que peut-être un esprit immédiat ou originellement
doué, *Théodore de Banville* et l'épuration, par les
ans, de son individualité en le vers, désigne aujour-
d'hui cet être à part, primitif et buvant tout seul

à une source occulte et éternelle; car rajeuni dans le
sens admirable par quoi l'enfant est plus près de rien
et limpide, ce n'est plus comme d'abord son enthousiasme qui l'enlève à des ascensions continues du chant
ou de l'idée, bref le délire commun aux lyriques :
hors de tout souffle perçu grossier, virtuellement la
juxtaposition entre eux des mots appareillés d'après
une métrique absolue et ne réclamant de quelqu'un, le
poëte dissimulé ou son lecteur, que la voix modifiée
suivant une qualité de douceur ou d'éclat, pour parler.

Ainsi lancé de soi le principe qui n'est rien,
que le Vers! attire non moins que dégage pour son
jaloux épanouissement (l'instant qu'ils y brillent et
meurent dans une fleur rapide, sur quelque transparence comme d'éther) les mille éléments de beauté
pressés d'accourir et de s'ordonner dans leur valeur
essentielle. Signe! au gouffre central d'une spirituelle
impossibilité que quelque chose soit divin exclusivement à tout, le numérateur sacré du compte de notre
apothéose, vers enfin suprême qui n'a pas lieu en tant
que moule d'aucun objet qui existe : mais il emprunte,
pour y aviver son sceau nul, tous gisements épars,
ignorés et flottants selon quelque richesse, et les forger.

Voilà, constatation à quoi je glisse, comment, dans notre langue, les vers ne vont que par deux ou à plusieurs, en raison de leur accord final, soit la loi mystérieuse de la Rime, qui se révèle avec la fonction de gardienne du sanctuaire et d'empêcher qu'entre tous, un n'usurpe, ou ne demeure péremptoirement : en quelle pensée fabriqué celui-là ! peu m'importe, attendu que sa matière aussitôt, gratuite, discutable et quelconque, ne produirait de preuve à se tenir dans un équilibre momentané et double à la façon du vol, identité de deux fragments constitutifs remémorée extérieurement par une parité dans la consonnance (*).

Chaque page de la brochure annonce et jette haut comme des traits d'or vibratoire ces saintes règles du premier et dernier des Arts. Spectacle intellectuel qui me passionne : l'autre, tiré de l'affabulation ou le prétexte, lui est comparable.

(*) Là est la suprématie des modernes vers sur céux antiques formant un tout et ne rimant pas ; qu'emplissait une bonne fois le métal employé à les faire, au lieu que, chez nous, ils le prennent et le rejettent, incessamment deviennent, procèdent musicalement : en tant que Stance, ou le distique.

Vénus du sang de l'Amour issue et aussitôt convoitée par les Olympiens dont Jupiter : sur l'ordre de celui-ci ni vierge ni à tous, afin de réduire ses ravages elle portera la chaîne de l'hymen avec un, Vulcain, ouvrier latent des chefs-d'œuvre, que la femme ou beauté humaine, les synthétisant, récompense par son choix (car il faut en le moins de mots à côté, vu que les mots sont la substance même employée ici à l'œuvre d'art, en dire l'argument).

Quelle représentation! le monde y tient; un livre, dans notre main, s'il énonce quelque idée auguste, supplée à tous les théâtres, non par l'oubli qu'il en cause mais les rappelant impérieusement, au contraire. Le ciel métaphorique qui se propage à l'entour de la foudre du vers, artifice évocateur par excellence au point de simuler peu à peu et d'incarner les héros eux-mêmes (juste dans ce qu'il faut apercevoir pour n'être pas gêné de leur présence, bref le mouvement), ce spirituellement et magnifiquement illuminé fond d'extase, c'est, c'est bien le pur de nous-mêmes par nous porté, toujours, prêt à jaillir à l'occasion qui dans l'existence ou hors l'art fait toujours défaut. Musique certes que l'instrumentation

d'un orchestre tend à reproduire seulement et à feindre.
Admirez dans sa toute puissante simplicité ou foi en
un moyen vulgaire et supérieur, l'élocution, puis la
métrique l'affinant à une expression dernière, comme
quoi un esprit, qui se réfugia au vol de plusieurs feuillets,
défie la civilisation négligeant de construire à son rêve,
motif qu'elles aient lieu, la Salle prodigieuse et la
Scène. Le mime absent et finales ou préludes aussi par
les bois, des cuivres et les cordes, il attend, cet esprit,
placé au-delà des circonstances, l'accompagnement obligatoire d'arts ou s'en passe. Seul venu à l'heure parce
que l'heure est sans cesse aussi bien que jamais, à la
façon d'un messager, du geste il apporte le livre, ou sur
ses lèvres, avant que de s'effacer; et l'être qui retint
l'éblouissement général, le multiplie chez tous, du fait
de la communication.

La merveille d'un haut poème comme ici me semble
que, naissent des conditions pour en autoriser le déploie-
ment visible et l'interprétation, d'abord il s'y prêtera et
ingénument au besoin ne remplace tout que faute de
tout.

J'imagine que la cause de s'assembler, dorénavant,
en vue de fêtes inscrites au programme humain, ne sera

pas le théâtre, borné ou incapable tout seul de répondre à de très subtils instincts, ni la musique du reste trop fuyante pour ne pas décevoir la foule; mais à soi fondant ce que ces deux isolent de vague ou de brutal, l'Ode, dramatisée par des effets de coupe savants : ces *Scènes Héroïques* sont une ode à plusieurs voix.

Oui, le culte promis à des cérémonials, songez quel il peut être, réfléchissez! Simplement l'ancien ou de tous temps, que l'afflux par exemple de la symphonie récente des concerts a cru mettre dans l'ombre, au lieu que c'est l'affranchir, installé mal sur les planches et l'y faire régner : aux convergences des autres arts située, issue d'eux et les gouvernant, la Fiction ou Poésie.

Chez Wagner, déjà, qu'un poëte, le plus superbement français, console de ne pas étudier au long de ces Notes, je ne vois plus, dans l'acception correcte, le théâtre (sans conteste on invoquerait mieux, au point de vue dramatique, dans la Grèce ou Shakespeare) mais la vision légendaire qui suffit sous le voile des sonorités et s'y mêle; pas plus que sa partition du reste, comparée à du Beethoven ou du Bach, n'est, strictement, la musique. Quelque chose de spécial et complexe résulte, à n'appeler somme toute autrement que poétique, malgré que l'enchanteur Allemand plutôt aille vers la littérature qu'il n'en provient.

Une œuvre du genre de celle qu'octroie en pleine sagesse et vigueur notre Théodore de Banville est littéraire dans l'essence, mais ne se replie pas toute au jeu du mental instrument par excellence, le livre! Que l'acteur insinué dans l'évidence des attitudes prosodiques y adapte son verbe, et vienne parmi les repos de la somptuosité orchestrale qui traduirait les rares lignes en prose précédant de pierreries et de tissus, étalés mieux qu'au regard, chaque scène comme un décor ou un site certainement idéals, cela pour diviniser son approche de personnage appelé à ne déjà que transparaître à travers le recul fait par l'amplitude ou la majesté du lieu! j'affirme que, sujet le plus fier et comme un aboutissement à l'ère moderne, esthétique et industrielle, de tout le jet forcément par la Renaissance limité à la trouvaille technique; et clair développement grandiose et persuasif! cette récitation, car il faut bien en revenir à ce terme quand il s'agit de vers, charmera, instruira, malgré l'origine classique mais envolée en leurs types purs des vieux dieux (en sommes-nous plus loin, maintenant, en fait d'invention mythique?) et par dessus tout émerveillera le Peuple : en tous cas rien de ce que l'on sait ne présente autant le caractère de texte pour des réjouissances ou fastes officiels dans le vieux goût et contemporain, comme l'Ouverture d'un Jubilé, notamment de celui au sens figuratif qui, pour conclure un cycle de l'Histoire, me semble exiger le ministère du Poëte, en 1889.

V

LASSITUDE

Le désespoir en dernier lieu de mon Idée, qui s'accoude à quelque balcon lavé à la colle ou de carton-pâte, regards perdus, traits à l'avance fatigués du néant, c'est que, pas du tout! après peu de mots au tréteau par elle dédaigné si ne le bat sa seule voltige, immanquablement la voici qui chuchotte dans un ton de sourde angoisse et me tendant le renoncement au vol, agité longtemps, de son caprice « Mais c'est très bien, c'est parfait — à quoi semblez-vous prétendre

encore, mon ami? » puis d'une main vide de l'éventail
« Allons-nous en (signifie-t-elle) cependant — on ne
s'ennuierait même pas et je craindrais de ne pouvoir
rêver autre chose. — L'auteur ou son pareil, ce qu'ils
voulaient faire, ils l'ont fait et je défierais qui que
ce soit de l'exécuter mieux ou différemment. »

— Que souhaitaient-ils donc accomplir, ô mon
âme? répliqué-je une fois et toujours interloqué ou
éludant la responsabilité d'avoir conduit ici une si
exquise dame anormale : car ce n'est pas elle, sûr! s'il
y faut voir une âme ou bien notre idée (à savoir la
divinité présente à l'esprit de l'homme) qui despo-
tiquement me proposa : « Viens ».

Mais un habituel manque inconsidéré chez moi
de prévoyance.

— « Ce qu'ils voulaient faire? » ne prit-elle pas le
soin de prolonger vis-à-vis d'une feinte curiosité « je ne
sais pas, mais si, le voilà... » réprimant, ô la pire
torture ne pouvoir que trouver très bien et pas même
abominer ce au-devant de quoi l'on vint et se fourvoya!
un bâillement, qui est la suprême, presque ingénue et
la plus solitaire protestation mais dont le lustre aux

mille cris suspend comme un écho l'horreur radieuse et visible.

— «... Peut-être ceci. »

Elle expliqua et approuva en effet la tentative ordinaire de gens qui avec un talent indiscuté et même de la bravoure si leur inanité était consciente, remplissent mais des éléments de médiocre puisés dans leur spéciale notion du public, le trou magnifique ou l'attente qui, comme une faim, se creuse chaque soir, au moment où brille l'horizon, dans l'humanité, ainsi que l'ouverture de gueule de la Chimère méconnue et frustrée à grand soin par l'agencement social.

Autre chose paraît inexact et en effet que dire? Il en est de la mentale situation comme des méandres d'un drame et son inextricabilité veut qu'en l'absence là de ce dont il n'y a pas lieu de parler, ou la Vision même, quiconque s'aventure dans un théâtre contemporain et réel soit puni du châtiment de toutes les compromissions ; si c'est un homme de goût, par son incapacité à n'applaudir. Je crois, du reste, pour peu qu'intéresse de rechercher des motifs à la placidité d'un tel personnage, ou Vous, Moi, que le tort initial

a consisté à se rendre au spectacle avec son Ame —
with Psyche, my soul (*) : qu'est-ce! si tout s'augmente,
selon le banal malentendu d'employer comme par
nécessité sa pure faculté de jugement à l'évaluation de
choses entrées déjà censément dans l'art ou de seconde
main, bref à des œuvres..

La Critique, dans son intégrité, n'est, n'a de
valeur, ou n'égale presque la Poésie à qui apporter une
noble opération complémentaire, que si elle vise directe-
ment et superbement aussi les phénomènes ou l'univers:
mais à cause de cela, soit de sa qualité de primordial
instinct placé au secret de nos replis (un malaise divin),
cède-t-elle à l'attirance du théâtre qui montre seulement une représentation à l'usage de ceux n'ayant
point à voir les choses à même! de la pièce écrite
au folio de nature ou du ciel et mimée avec le geste de
ses passions, par l'Homme.

A côté de lasses erreurs qui se débattent, voyez!
déjà l'époque apprête telle transformation plausible ;
ainsi ce qu'on appela autrefois la critique dramatique

(*) *Ulalume* (strophe II) par EDGAR POE.

ou le feuilleton, qui n'est plus à faire, abandonne
très correctement la place au reportage des premiers
soirs, télégrammatique ou sans éloquence autre que
n'en comporte la fonction de parler au nom d'une
unanimité de muets. Ajoutez l'indiscrétion, ici les
coulisses, riens de gaze ou de peau attrapés entre les
chassis en canevas à la hâte mis pour la répétition
(délice d'une multitude où chacun veut être dans le
secret de quelque chose ne fût-ce que de la redite
perpétuelle) et voilà ce qu'au théâtre peut consacrer la
presse de fait-divers. Le paradoxe de l'écrivain supérieur longtemps fut, avec des fugues ou points d'orgue
imaginatifs, se le rappelle-t-on, d'occuper le genre
littéraire créateur de quoi la prose relève, ou la Critique,
à marquer les fluctuations d'un article d'esprit ou de
mode.

Aussi quand ne s'afficha rien, incontestablement,
qui valut d'aller d'un pas allègre se jeter dans la
gueule du monstre et par ce jeu perdre tout droit
à le narguer, soi le seul ridicule ! n'y a-t-il occasion
même de proférer quelques mots de coin du feu ;
vu que si le vieux secret de nos ardeurs et splendeurs
qui s'y tord, sous notre fixité, évoque, par la forme

22

éclairée de l'âtre, l'obsession d'un théâtre encore réduit et minuscule ou lointain, c'est ici gala intime.

Méditatif :

Il est (tisonne-t-on), un art, l'unique ou pur qu'énoncer sera produire : il hurle ses démonstrations par le fait de sa pratique. L'instant qu'en éclaterait le miracle, ajouter que ce fut cela et pas autre chose, même l'infirme, tant il n'admet de lumineuse évidence sinon d'exister. Il consentit à prendre pour matériaux la parole : de celle-ci rien ne reste après l'édification mais il a épuisé jusqu'aux chuchotements. Seul, le sanglot, survivant à toute expression; ou ce suspens devenu la larme sublimée de nos yeux.

Les flammes de l'été, hélas et d'autres! (*) Civilisation qui veux des théâtres, tu ne sais, à défaut d'un art y officiant, les construire (**), si bien que comme l'effroyable langue du silence gardé le feu se darde et s'exagère

(*) Incendie de l'Opéra-Comique.
(**) Une salle doit surtout être machinée et mobile, à l'ingénieur, avant l'architecte, en revient la construction : que ce héros du moderne répertoire se montre un peu!

puis change en une cendre tragique la badauderie des villes; tout (à cette heure de clôture) communique la désuétude de la scène. Nos prochains fastes publics ou un fastidieux anniversaire s'il n'exulte par quelque démonstration comme de modernes Jeux ! ainsi que toujours se produiront sans allusion à un embrasement idéal, que les couleurs patriotiques aux étages claquetant dans la brise d'insignifiance.

L'occasion de rien dire n'a surgi et je n'allègue, pour la vacuité de cette étude dernière ou de toutes, plaintes discrètes ! l'année nulle : mais plutôt le défaut préalable de coup d'œil apporté à l'entreprise de sa besogne par le littérateur oublieux qu'entre lui et l'époque existe une incompatibilité. « Allez-vous au théâtre? — Non, presque jamais » : à mon interrogation cette réponse, par quiconque, de race, singulier, artiste choie sa chimère hors des vulgarités et se suffit, femme ou homme du monde, avec l'instinctif bouquet de son âme à nu dans un intérieur. « Au reste, moi, non plus! » aurais-je pu intervenir si la plupart du temps mon désintéressement ici ne le criait à travers les lignes jusqu'au blanc final.

Alors pourquoi..

. Pourquoi ! autrement qu'à l'instigation du pas
réductible démon de la Perversité que je promulgue
ainsi « faire ce qu'il ne faut, sans avantage exprès
à tirer, que la gêne vis-à-vis de choses (à quoi l'on
est par nature étranger) de feindre y porter un
jugement : alors que le joint dans l'appréciation échappe
et qu'empêche une pudeur l'exposition à faux jour de
suprêmes et intempestifs principes. » Risquer, dans des
efforts vers une gratuite médiocrité, de ne jamais qu'y
faillir, rien n'obligeant du reste à cette contradiction
que le charme peut-être inconnu en littérature d'éteindre
strictement une à une toute vue qui éclaterait avec
pureté, ainsi que de raturer jusqu'à de certains mots
dont la seule hantise continue chez moi la survivance
d'un cœur, et que c'est en conséquence une vilenie de
servir mal à propos. Le sot bavarde sans rien dire,
mais ainsi pêcher à l'exclusion d'un goût notoire pour
la prolixité et précisément afin de ne pas exprimer
quelque chose, représente un cas spécial, qui aura été
le mien : il vaut que je m'exhibe (avant de cesser) en
l'exception de ce ridicule, comme un pitre monologuiste
des cafés-concerts où le feuillage nous sert une

halte entre le Théâtre et la Nature, ces deux termes distincts et superbes de l'antinomie proposée à une Critique.

J'aurais aimé, avec l'injonction de circonstances, mieux que finir oisivement, ici noter quelques traits fondamentaux.

Le ballet ne donna que peu : c'est le genre imaginatif. Quand s'isole pour le regard un signe de l'éparse beauté générale, fleur, onde, nuée et bijou, etc., si chez nous le moyen exclusif de le savoir consiste à en juxtaposer l'aspect à notre nudité spirituelle afin qu'elle le sente analogue et se l'adapte selon quelque confusion exquise d'elle avec cette forme envolée, rien qu'au travers du rite là énoncé de l'Idée est-ce que ne parait pas la danseuse à demi l'élément en cause, à demi humanité apte à s'y confondre, dans la flottaison de rêverie? Voilà l'opération poétique par excellence d'où le théâtre. Immédiatement le ballet résulte allégorique : il enlacera autant qu'animera, pour en marquer chaque rythme, toutes corrélations ou Musique d'abord latentes entre ses attitudes et maint caractère, tellement que la représentation figurative des accessoires terrestres par la

Danse contient une expérience relative à leur degré esthétique. Temple initial ouvert sur les vrais temps, un sacre s'y effectue en tant que la preuve de nos trésors, ainsi. A déduire le point philosophique auquel est située l'impersonnalité de la danseuse, entre sa féminine apparence et quelque chose mimé, pour cet hymen! elle le pique d'une sûre pointe, le pose acquis; puis déroule notre conviction en le chiffre de pirouettes prolongé vers un autre motif, attendu que tout, dans l'évolution par où elle illustre le sens de nos extases et triomphes entonnés à l'orchestre, est, comme le veut l'art même, au théâtre, *fictif ou momentané*.

Seul principe! et ainsi que resplendit le lustre c'est-à-dire, lui-même, l'exhibition prompte, sous toutes les facettes, de quoi que ce soit et notre vue adamantine, une œuvre dramatique montre la succession des extériorités de l'acte sans qu'aucun moment garde de réalité et qu'il se passe en fin de compte rien.

Le vieux Mélodrame qui, conjointement à la Danse et sous la régie aussi du poëte, occupe la scène, s'honore de satisfaire à cette loi. Apitoyés, le perpétuel suspens d'une larme qui ne peut jamais toute se former ni choir (encore le lustre) scintille en mille regards, or un ambigu

sourire déride ta lèvre par la perception de moqueries
aux chanterelles ou dans la flûte refusant leur compli-
cité à quelque douleur emphatique de la partition et y
perçant des fissures de jour et d'espoir : avertissement
et fil jamais rompu même si malignement il cesse, tu
n'omets d'attendre ou de suivre, au long du labyrinthe
de l'angoisse que complique l'art non pour vraiment
t'accabler comme si ce n'était point assez de ton sort!
spectateur assistant à une Fête, mais te replonger de
quelque part dans le peuple que tu sois au saint de la
Passion de l'Homme et t'en libérer selon quelque source
mélodique de l'âme. Pareil emploi de la Musique la
tient prépondérante comme magicienne attendu qu'elle
emmêle et rompt ou conduit un fil divinatoire, bref
dispose de l'intérêt, la façonne seul au théâtre : il
instruirait les compositeurs prodigues au hasard et sans
l'exacte intuition de leur glorieux don de sonorité.
Nulle inspiration ne perdra à étudier l'humble et profonde sagacité qui règle en vertu d'un besoin populaire
les rapports de l'orchestre et des planches dans ce genre
génial et français. Les axiômes s'y lisent, inscrits par
personne; un avant tous les autres! que chaque situation insoluble, comme elle le resterait, en supposant que
le drame fût autre chose que semblant ou piège à notre
irréflexion, refoule, dissimule, et toujours contient le

rire sacré qui le dénouèra. Ce jeu perpétué par les Pixérécourt et les Bouchardy de cacher dans le geste d'apparat dévolu au tragédien le doigté subtil d'un jongleur, c'est toute la science. La funèbre draperie de leur imagination ne s'obscurcit jamais ou point d'ignorer que l'énigme derrière ce rideau n'existe sinon grâce à une hypothèse tournante peu à peu résolue ici et là par notre lucidité : mieux que le gaz ou l'électricité la gradue l'accompagnement instrumental, dispensateur du Mystère.

A part la curiosité issue de l'intrusion du livre et, puisqu'après tout il s'agit de littérature et de vie maintenant repliées aux feuillets, un désir, en ceux-ci, de se déverser à la rampe, ainsi que vient de le faire le Roman : je ne sais. Il ne convient pas même de dénoncer par un verbiage le fonctionnement du redoutable Fléau omnipotent... l'ère a déchaîné, légitimement vu qu'en la foule ou l'amplification majestueuse de chacun gît abscons le rêve ! chez une multitude la conscience de sa judicature ou de l'intelligence suprême, sans préparer de circonstances neuves ni le milieu mental identifiant la scène et la salle. Toujours est-il qu'avant la célébration des poèmes étouffés dans l'œuf de quelque future

coupole manquant (si une date s'accommodera de l'état
actuel ou ne doit poindre, doute) il a fallu formidablement
au devant de l'infatuation contemporaine, ériger entre le
gouffre de leur vaine faim et les générations un simulacre
approprié au besoin immédiat, ou l'art officiel qu'on peut
aussi appeler vulgaire; indiscutable, prêt à contenir par
le voile basaltique du banal la poussée de cohue jubilant
pour peu qu'elle aperçoive une imagerie brute de sa
divinité.. Machine crue provisoire pour l'affermissement
de quoi! à mon sens institution plutôt vacante et durable
me convainquant par son opportunité, l'appel a été fait
à tous les cultes artificiels et poncifs; elle fonctionne en
tant que les salons annuels de Peinture et de Sculpture,
quand chôme l'engrenage théâtral. Tordant à la fois
comme au rebut chez le créateur le jet délicat et vierge,
et une jumelle clairvoyance directe du simple, qui peut-
être avaient à s'accorder encore. Héroïques, soit! artistes
de ces jours, plutôt que peindre une solitude de cloître
à la torche de votre immortalité ou sacrifier devant
l'Idole de vous-mêmes, mettez la main à ce monument,
indicateur non moins énorme que des blocs d'abstention
laissés par quelques âges qui jadis ne purent que charger
le sol d'un vestige négatif et considérable.

Richard Wagner

RÊVERIE D'UN POËTE FRANÇAIS

Un poëte français contemporain, exclu de toute participation aux déploiements de beauté officiels, en raison de motifs divers, aime, ce qu'il garde de sa tâche pratiqué ou l'affinement mystérieux du vers pour de solitaires Fêtes, à réfléchir aux pompes souveraines de la Poésie, comme elles ne sauraient exister concurremment au flux de banalité charrié par les arts dans un faux-semblant de civilisation. — Cérémonies d'un jour qui gît au sein inconscient de la foule : presque un Culte !

La certitude de n'être impliqué, lui ni personne de ce temps, dans aucune entreprise pareille, l'affranchit de toute restriction apportée à son rêve par le sentiment d'une impéritie et par l'écart des faits.

Sa vue d'une droiture introublée se jette au loin.

A son aise et c'est le moins, qu'il accepte pour exploit de considérer, seul, dans l'orgueilleux repli des conséquences, le Monstre, Qui ne peut Etre! Attachant au lâche flanc ignare la blessure d'un regard affirmatif et pur.

Omission faite de coups d'œil sur le faste extraordinaire mais inachevé aujourd'hui de la figuration plastique, dont se détache, au moins, dans sa perfection de rendu, la Danse seule capable, par son écriture sommaire, de traduire le fugace et le soudain jusqu'à l'Idée (pareille vision comprend tout, absolument tout le Spectacle futur,) cet esthéticien, s'il envisage l'apport de la Musique au Théâtre fait pour en mobiliser la splendeur, ne songe pas longtemps à part soi.. déjà, de quels bonds que parte sa pensée, elle ressent la colossale approche d'une Initiation, qui surgit plus haute, signifiant par des voix d'adeptes : Ton souhait d'auparavant, de bientôt, ici, là, vois, chétive, s'il n'est pas exécuté.

Singulier défi qu'aux poëtes dont il a usurpé le devoir avec la plus candide et étincelante bravoure, inflige Richard Wagner !

Le sentiment se complique envers cet étranger, émerveillement, enthousiasme, vénération, aussi d'un malaise à la notion que tout soit fait, autrement qu'en irradiant, par un jeu direct, du principe littéraire même.

Doutes et nécessité (pour un jugement strict) de discerner les circonstances que rencontra, au début, l'effort du Maître. Il surgit au temps d'un théâtre, le seul qu'on peut appeler caduc, tant la Fiction en est fabriquée d'un élément grossier : puisqu'elle s'impose à même et tout d'un coup, commandant de croire à l'existence du personnage et de l'aventure, de croire, simplement, rien de plus. Comme si cette foi exigée du spectateur ne devait pas être précisément la résultante par lui tirée du concours de tous les arts suscitant le miracle, autrement inerte et nul, de la scène! Vous avez à subir un sortilège, pour l'accomplissement duquel ce n'est trop d'aucun moyen d'enchantement impliqué par la magie musicale, afin de violenter votre raison aux prises avec un simulacre, et d'emblée on proclame : Supposez que cela a lieu véritablement et que vous y êtes!

Le Moderne dédaigne d'imaginer; mais expert à se servir des arts, il attend que chacun l'entraîne jusqu'où éclate sa puissance spéciale d'illusion, puis consent.

Il le fallait bien, que le Théâtre d'avant la Musique partît d'un concept autoritaire et naïf, quand ne disposaient pas de cette ressource nouvelle d'évocation ses chefs-d'œuvres, hélas! gisant aux feuillets pieux du livre, sans l'espoir, pour aucun, d'en jaillir à nos solennités. Son jeu reste inhérent au passé, tel que le répudierait, à cause de cet intellectuel despotisme, une représentation populaire, la foule y voulant, selon la suggestion des arts, être maîtresse de sa créance.

Une simple adjonction orchestrale change du tout au tout, annulant son principe même, l'ancien théâtre, et c'est comme strictement allégorique, que l'acte scénique maintenant, vide et abstrait en soi, impersonnel, a besoin, pour s'ébranler avec vraisemblance, de l'emploi du vivifiant effluve qu'épand la Musique.

Sa présence, rien de plus! à la Musique, est un triomphe, pour peu qu'elle ne s'applique point, même comme leur élargissement sublime, à d'antiques conditions, mais éclate la génératrice de toute vitalité : un auditoire éprouvera cette impression que, si l'orchestre cessait de déverser son influence, l'idole en scène resterait, aussitôt, statue.

Pouvait-il, quoique le Musicien et même le proche confident du secret de son Art, en simplifier l'attribution jusqu'à cette visée initiale ? Semblable métamorphose s'indique au désintéressement du critique qui n'a pas derrière soi, prêt à se ruer d'impatience et de joie, l'abîme d'exécution musicale ici le plus tumultueux qu'homme ait contenu de son limpide vouloir.

Lui, fit ceci.

Allant au plus pressé il concilia toute une tradition intacte dans sa désuétude prochaine avec ce que de vierge et d'occulte il devinait sourdre, en ses partitions. A défaut d'une acuité de regard (qui n'eût été la cause que d'un suicide stérile), si vivace abonda l'étrange don d'assimilation de ce créateur quand même, que des deux éléments de beauté qui s'excluent ou, tout au moins, l'un l'autre s'ignorent, le drame personnel et la musique idéale, il effectua l'hymen. Oui, à l'aide d'un harmonieux compromis, suscitant une phase exacte du théâtre, laquelle répond, comme par surprise, à la disposition de sa race!

Quoique philosophiquement elle ne fasse encore là que se juxtaposer, la Musique (je somme qu'on insinue d'où elle poind, son sens premier et sa fatalité,) pénètre et enveloppe le Drame de par l'éblouissante volonté du jongleur inclus dans le mage ; de fait, on peut dire qu'elle s'y allie : pas d'ingénuité ou de profondeur qu'avec un éveil enthousiaste il ne prodigue dans ce dessein, sauf que le principe même de la Musique échappe.

Le tact est merveille qui, sans totalement en transformer aucune, opère, sur la scène et dans la symphonie, la fusion de ces formes de plaisir disparates.

Maintenant, en effet, une musique qui n'a de cet art que l'observance des lois très complexes, seulement d'abord le flottant et l'infus, confond les couleurs et les lignes du personnage avec les timbres et les thèmes en une ambiance plus riche de Rêverie que tout air d'ici-bas, déité costumée aux invisibles plis d'un tissu d'accords ; ou va l'enlever de sa vague de Passion, au déchaînement trop vaste vers un seul, le précipiter, le tordre : et le soustraire à sa notion, perdue devant cet afflux surhumain, pour lui la faire ressaisir quand il domptera tout par le chant, jailli dans un déchirement de la pensée inspiratrice. Toujours ce héros, qui foule une brume autant que notre sol, se montrera dans un lointain que comble la vapeur des plaintes, des gloires, et de la joie émises par l'instrumentation, reculé ainsi à des commencements. Il n'agit qu'entouré, à la Grecque, de la stupeur mêlée d'intimité qu'éprouve une assistance devant des mythes qui n'ont presque jamais été, tant leur instinctif passé s'isole ! sans cesser cependant d'y bénéficier des

familiers dehors de l'individu humain. Même certains
satisfont à l'esprit par ce fait de ne sembler pas dépourvus
de toute accointance avec de hasardeux symboles.

Voici à la rampe intronisée la Légende.

Avec une piété antérieure, un public, pour la
seconde fois depuis les temps, hellénique d'abord,
maintenant germain, jouit d'assister au secret représenté
de ses origines. Quelque singulier bonheur neuf et
barbare l'asseoit à considérer, se mouvant d'après toute
la subtilité savante de l'orchestration, la figure solennelle
d'idées qui ont présidé à sa genèse.

Tout se retrempe au ruisseau primitif : pas jusqu'à
la source.

Si l'esprit français, strictement imaginatif et
abstrait, donc poétique, jette un éclat, ce ne sera pas
ainsi : il répugne, en cela d'accord avec l'Art dans son
intégrité, qui est inventeur, à toute Légende. Voyez le
des jours abolis ne garder aucune anecdote énorme et

fruste, comme par une prescience de ce qu'elle apporterait
d'anachronisme dans une représentation théâtrale, Sacre
d'un des actes de la Civilisation (*). A moins que cette
Fable, vierge de tout, lieu, temps et personne sus, ne
se dévoile empruntée au sens latent de la présence d'un
peuple, celle inscrite sur la page des Cieux et dont
l'Histoire même n'est que l'interprétation, vaine, c'est-
à-dire un Poème, l'Ode. Quoi! le siècle, ou notre pays
qui l'exalte, ont dissous par la pensée les Mythes, ce
serait pour en refaire! Le Théâtre les appelle, non! pas
de fixes, ni de séculaires et de notoires, mais un,
dégagé de personnalité, car il figure notre aspect
multiple : que, de prestiges correspondant au fonctionnement de l'existence nationale, évoque l'Art, pour le
mirer en tous. Type sans dénomination préalable, pour
qu'en émane la surprise, son geste résume vers soi nos
rêves de sites ou de paradis, qu'engouffra l'antique scène
avec une prétention vide à les contenir ou à les peindre,
Lui, quelqu'un! ni cette scène, quelque part (l'erreur
connexe, décor stable et acteur réel, du Théâtre manquant
de la Musique) : est-ce qu'un fait spirituel, l'épanouissement de symboles ou leur préparation, nécessite
l'endroit, pour s'y développer, autre que le fictif foyer de

(*) Exposition, Transmissions de Pouvoirs, etc. : t'y vois-je, Brünnhilde ou : qu'y
ferais-tu, Sigfrid!

vision dardé par le regard d'une foule! Saint des Saints, mais mental.. alors y aboutissent, dans quelque éclair suprême, d'où s'éveille la Figure que Nul n'est, chaque attitude mimique prise par elle à un rythme inclus dans la symphonie, et le délivrant! Alors viennent expirer comme aux pieds de cette incarnation, non sans qu'un lien certain les apparente ainsi à son humanité, ces raréfactions et ces sommités naturelles que la Musique rend, arrière prolongement vibratoire de tout ainsi que la Vie.

L'Homme, puis son authentique séjour terrestre, échangent une réciprocité de preuves.

Ainsi le Mystère,

La Cité, qui donna à cette expérience sacrée un théâtre, imprime à la terre le Sceau universel.

Quant à son peuple, c'est bien le moins qu'il ait témoigné du fait auguste, j'atteste la Justice qui ne peut que régner là ! puisque cette orchestration de qui tout-à-l'heure sortit l'évidence du dieu ne synthétise jamais autre chose que les délicatesses et les magni-ficences, immortelles, innées, qui sont à l'insu de tous dans le concours d'une muette assistance.

Voilà pourquoi, Génie ! moi, l'humble qu'une logique éternelle asservit, ô Wagner, je souffre et me reproche, aux minutes marquées par la lassitude, de ne pas faire nombre avec ceux qui, ennuyés de tout afin de trouver le salut définitif, vont droit à l'édifice de ton Art, pour eux le terme du chemin. Il ouvre, cet incontestable portique, en des temps de jubilé qui ne le sont pour aucun peuple, une hospitalité contre l'insuffisance de soi et la médiocrité des patries ; il exalte des fervents jusqu'à la certitude : pour eux ce n'est pas l'étape la plus grande jamais ordonnée par un signe humain, qu'ils parcourent, avec toi pour conducteur, mais comme le voyage fini de l'humanité vers un Idéal. Au moins, voulant ma part du délice, me permettras-tu de goûter, dans ton Temple, à mi-côte de la montagne sainte, dont le lever de vérités le plus compréhensif encore trompette la coupole et invite à perte de vue du parvis les gazons que le pas de tes élus foule, un repos : c'est comme l'isolement, pour l'esprit, de notre incohérence qui le

pourchasse, autant qu'un abri contre la trop lucide
hantise de cette cîme menaçante d'absolu, devinée dans
le départ de nuées là haut, fulgurante, nue, seule :
au delà et que personne ne semble devoir atteindre.
Personne! ce mot n'obsède pas d'un remords le passant
en train de boire à ta conviviale fontaine.

www.ingramcontent.com/pod-product-compliance
Lightning Source LLC
Chambersburg PA
CBHW070413090426
42733CB00009B/1651